趣谭

津沽

趣谭

JINGU QUTAN

孙福海◎著

天津出版传媒集团

天津人民出版社

图书在版编目(CIP)数据

津沽趣谭 / 孙福海著. —— 天津：天津人民出版社，
2021.4
ISBN 978-7-201-15722-1

Ⅰ.①津… Ⅱ.①孙… Ⅲ.①天津–概况 Ⅳ.
①K922.1

中国版本图书馆 CIP 数据核字(2021)第 071035 号

津沽趣谭
JINGU QUTAN

出　　版　天津人民出版社
出 版 人　刘　庆
地　　址　天津市和平区西康路 35 号康岳大厦
邮政编码　300051
邮购电话　(022)23332469
电子信箱　reader@tjrmcbs.com

责任编辑　张素梅
装帧设计　汤　磊

印　　刷　天津新华印务有限公司
经　　销　新华书店
开　　本　710 毫米×1000 毫米　1/16
印　　张　14
插　　页　1
字　　数　150 千字
版次印次　2021 年 4 月第 1 版　2021 年 4 月第 1 次印刷
定　　价　48.00 元

序

蒋子龙

读孙福海先生近著《津沽趣谭》，大有"相见恨晚"之慨。先哲有言，生活在一个大城市里是幸运的。何况天津不只是大，还极富地域特点，如果生为天津人，而不了解天津特殊的历史文化、世态人情、民俗民风……岂不是一件大憾事？故此也书可称作《"天津卫"百科全书》，或者叫《天津话大词典》。却是用单口相声般的语言写成，以天津话解天津话，将天津话文学化、故事化。每一句天津话的背后，都有一个典故或一段佳话，读来精妙练达，智趣横生。

比如"解手"一词，自明成祖年间就已经有了；"贴倒西"则是清乾隆在天津"臭拽"出来的；还有"打镲""亮嗖""四合套""咬老根儿""倒霉上卦摊儿"……人们或知其然不知其所以然，或闻所未闻，作者都别为疏解，纤细无遗，令人为之绝倒。

其实，"趣谭"谈何容易？要有高卓的识见，从大量史料中发现有"趣"的东西；还要有显豁出新的功力，能"谈"得有趣。《津沽趣谭》中有大量天津的地理及文化知识，诸如：

"海河"得名，源自明代大科学家徐光启；

天津号称有七十二沽，市区只有二十一沽，另外五十一沽分布在宝坻、宁河两区；

1

如今响满天下的"四大名旦"之谓，最早是天津人沙大风给封的；

　　由莲花落演变而成的评剧，源于汉沽的"平腔梆子"，等等。

　　还有，当年老鼓楼上摆有"天下第一鼓"，如一间房子般大小，鼓响满城可闻，鼓面直径近两丈，这么大的整块皮子如何得来？早在一百多年前，天津已经是"国际大都市"，可知第一部西门子电梯装在何处、能装得起这种电梯的又是什么所在？天津人为什么喜欢相声？马三立在愤怒的情况下如何还能逗哏……绝非只有民间传说，作者引经据典，条分缕析，识力深透。且语言明晓流畅，意趣幽远清新。

　　但《津沽趣谭》最大的贡献，是复原了过去天津的城市精神，以及支撑这种精神的天津人的最大性格特点——"义"。遇事义字开道，仁义、忠义、仗义……

　　天津成全了河北梆子泰斗级的人物"银达子"的赫赫声名。当时的声名似乎不像现在这样能紧密地跟财富挂钩，第一个在天津说相声的"相声祖师爷"朱绍文，艺名就叫"穷不怕"。足见当时的艺人无论名头多大，也难以摆脱一个"穷"字。与"银达子"齐名的河北梆子演员"金刚钻"，贫病交加，带病演出昏厥于台上，又因无钱医治，惨然而逝。银达子戴孝演出，随后跪倒在中华茶园的舞台上，悲痛欲绝，为"金刚钻"募化棺木。一手料理了后者的丧事。类似的义举，之后在天津的梨园界和曲艺界多有发生，渐渐成为一种风气，乃至"行规"。

　　《关公战秦琼》是侯宝林的代表作，深受广大观众喜欢。而这段相声是天津相声大师般的人物张杰尧所创，其艺名"张傻子"，能说四百二十九段相声，恐迄今也鲜有人能及。侯宝林根据自己的特长,对《关公战秦琼》做了调整,后来他在中央人民广播电台录音所得的稿酬,如数寄给了张杰尧。

——那个年代,大师级的人物,多是正人君子,急公好义,肝胆冰雪。马三立救了赵丽蓉的场,也等于砸了她的饭碗,两人却成了过心的好友。这些正应了荣格的论断,文化的最后成果就是人格。在"趣谭"一书中,躺着过去大师们的灵魂。

历史的真相就是故事,而故事就是力量。托翁名言:"活着就是为了讲故事。"作者恰好是"天津通",满腹历史掌故、艺坛杂学,用天津话说:"一肚子宝贝。"除去传播知识,笔下还活灵活现了一个充满戏剧性的时代和众多充满戏剧性的人物。

加之他是"义"字当头的一代大师的嫡传弟子,守礼重义,处事温煦,尊奉"以虚养心,以德养身"的古训,文以化之,以文化人,于是"尊所闻而高明"。其神思丰沛,气象融和,心智坦诚敏妙,文字简洁纵逸,此书散发出来的深微而友善的意蕴,有益于世道人心。

经典作家云:"碰上命运赋予的题材和职业,才是幸运的。"福海名副其实,令人称羡。故不揣浅陋,写此短文,以表贺忱。

目录

嘛叫天津人的"大了"

"大了"，嘛意思？顾名思义，"大了，大了"，多"大"的事，也能给您"了"。这与天津人豪爽义气、助人为乐的民俗民风有关："有嘛事您老说话，没有咱了不了的事。"这也不是吹牛，天津的"大了"有能耐、会办事。那么，"大了"这个词儿，是怎么来的呢？

天津人居家过日子，最大的事儿就是红白事儿。乐于助人的人，对红白各事常年奔走，其中应办之事、应用之物，无不内行。而且还能视事主的经济能力、门第声望，斟酌妥当，布置井然，令事主满意。他们之中，有的并不缺钱，只因好玩儿、好交，对于婚丧大事经多识广，对于有关行业、行道熟悉精通。遇到至亲近友有事，一展身手，意在过瘾，只需礼貌相待，却不受酬。有这样的人吗？我给您讲讲。

过去在咱天津卫，最有声誉的是俩人：一位是宫北"长源号"的杨品侯，一位是袜子胡同的刘道平。他们是干嘛的？这二位可不缺钱，且有头有脸：杨品侯是"八大家"之一杨家的少东家，刘道平是房产资本家，兼天津红十字分会会长。人家操持红白事，图的就是一个"乐善好施"——玩儿，事办得漂亮，图一美。嘛难事全能"了"，天津人管他们叫"大了"。远亲近邻、同行同业人员身临父母之丧，无力举办大事，又好面子，都请这些"热心人"帮忙"了事"。确能做到少花钱，事办得好。这些人不受酬，主家吃喝款待，临近年节到家中探望。后来也出现专走动买卖家、大宅门儿、以此为生的两位名人,一个叫王虎臣,绰号"王四秃子";另一位是玉源百货铺经理魏子文,绰号"魏小辫"。他们见过大世面,联系广,窍门多,经手布置红白大事,花一样的钱却比别人办得漂亮,事主满意,他们也借此赚钱。

由于天津人好面子,喜欢让人说红白事办得"威风""够气派",怕人说"寒碜",所以也助推了"大了"这个行当。有些"大了"是真有能耐,可有时也会闹笑话。前不久,相声演员王佩元参加一个丧礼,就让"大了"闹出了笑话。他一进到逝去者所在的胡同,"大了"就嚷上了:"诶!王佩元来啦!大蔓儿,您老里边请。"佩元想:"这是哪儿呀?还里边请?"进屋之后,应向逝者行礼,孝子跪着陪祭。没想到,这位"大了",想借名人烘托气氛,向死者没完没了地介绍王佩元:"您知道谁看您来了吗?好么,王佩元,王佩元是谁……"他介绍了五分钟还没完,孝子们跪着也受不了啦!这时王佩元"砸"了一"挂":"他念我的悼词来啦!"孝子们噌的一声全跑门外乐去了。第二天,去火葬场,殡仪馆的工作人员都争着跟王佩元照像。最后这位"大了"又跟佩元说:"他们跟您照像心里有点儿过意不去,让乐队送您一曲'您一路走好!'"佩元说:"还是我死啦?!"

天津的风土人情中,尽是趣事,下篇给您讲天津人生了孩子"姥姥带"。

为嘛生了孩子姥姥带

"天津一大怪,生了孩子姥姥带。"为嘛说怪?因为说怪的人,读不懂天津人的爱。这是嘛爱?这种爱有着根深蒂固的民俗民风;这种爱有利于废除重男轻女;这种爱有利于促进家庭和睦;这种爱有利于婆媳关系;这种爱是我们天津老少爷们儿引领时代风尚和社会风气的创举。您老不信,就听我白话白话。

首先是丈母娘疼姑爷。天津的丈母娘疼姑爷,那可是没法比。斟白水都恨不得放白糖——这是旧时留下的老话。"一个姑爷半拉儿"——这个话都已经过时了。现在天津卫留下的话是"姑爷胜过儿"。在姑爷孝顺丈母娘的问题上,天津卫当娘的,可不挑儿子这个理儿,都活得明白着呢——"谁都有儿有闺女,人家丈母娘受这么大累,不是给你们年轻人伺候孩子吗?!只要家庭和睦我们就高兴。"天津的姑爷也"橡儿亮",创造了一个"姑爷节"。每年的大年初二,当姑爷的都到丈母娘家过节。过去外地人还调侃咱,说"天津卫到大年初二满马路都是'傻姑爷'"。现在外地人都学咱天津,跟着咱屁股后头学过"姑爷节"。随着放长假的实施,基本上都是"娘家婆家"轮流探望。常挂在天津年轻人嘴边上的是"人家把咱孩子拉扯大,容易吗?""人有双重父母,都得尽孝"。

其次,姥姥疼外孙可是真疼。天津的民俗民风就有姥姥疼外孙的传统。旧时歌谣唱道:"拉大锯,扯大锯,姥姥门口唱大戏。接闺女,请女婿,小外孙也得去。"姥姥要是有些日子见不着外孙子,心里就没着没落的。而且姥姥要是给晚辈留什么好吃的好玩的或是"念想",外孙子和孙子同等对待。天津有句土语,管孙子叫"红眼",管外孙子叫"白眼",当姥姥领外孙子在外边儿玩儿时,常有人问:"是红眼白眼?"当对方问完后,一指自己带的孩子:"都一样!"外地人听着就哏儿。

再有,我认为这不仅提高了妇女的地位,也提高了男人的地位。为嘛呢?因为丈母娘在自己家,懂事的闺女怕俩口子伴嘴妈妈着急,所以都让着丈夫。而且闺女还得顾及爷爷奶奶的情绪,尽可能地多孝顺公公婆婆。

最后,姥姥带孩子,实质上是闺女享清福。因为只有做母亲的才知道自己闺女的脾气秉性、习惯特点,所以从伺候月子开始,当姥姥的既照顾外孙子又伺候闺女。哪怕闺女跟妈妈使点儿小性儿,妈妈也不会往心里去,而且受多大累也无怨言。您说这姑爷能不偷着乐吗?!没有婆媳之间的事,这难道不是咱天津小夫妻家庭和睦的一景吗?!

除了生孩子姥姥带之外,咱天津人过生日也有独到之处。下篇给您讲讲天津人过生日。

天津人过生日

天津人过生日，有着鲜明的地域特色和民俗民风。而近年，我一见效仿西方过生日的那一套——蛋糕插腊烛，又吹又拔又许愿，便心生厌恶。中国人，为什么要丢掉自己的民间习俗去学洋人的玩意儿呢？

首先说，咱天津人过生日，是以中华民族最重要的"敬老"为前提。为嘛天津人管"寿日"叫"生日"？就是不忘"儿子的生日，母亲的苦日"。尤其是父母健在，自己"过寿"，不能叫"寿日"而叫"生日"。无论你是六十岁或七十岁，别人可以尊称您"大寿"，老天津卫的人大都称"我六十岁生日"或"七十岁生日"。贺寿的人如说来"拜寿""贺寿"，本人一定要说一句"尊亲在，只能做生"，或"父母在不敢言老"。所以，咱天津人管"寿日"叫"生日"，因为这一天主要是感念父母之恩。而且过生日时，父母健在的，要先给父母行礼、敬献寿品。父母不在的也要把第一杯酒先敬"仙逝的二老"。

晚辈给老人做生日，摆各种面食寿桃，寿桃上有"寿"字；吃喜面，不能叫"打卤儿面""炸酱面"。因为天津人在喜庆日忌讳"打""卤""炸"等字眼儿，一律称"喜面"或"四碟面"。晚辈还要给邻居家送喜面，那时的邻里关系相当融洽，当谁家的孩子要过"百岁"时，准有一百家邻居凑一百个铜钱，交由主家老人给孩子打"长命锁"。

老人的六十六岁生日，要由出嫁的闺女给过。这一天，闺女要精选老人爱吃的肉，亲自做老人喜欢的美味佳肴。一是体现闺女的孝心,同时也是考察闺女在婆家是否勤俭持家,检验闺女孝敬公婆的手艺。过去,阔家主的闺女"出门子",之所以要带老妈子,其中重要的一条就是婆婆过生日时要会做适合婆婆口味儿的"儿媳妇菜"。老太太过生日,新过门的儿媳还要给老太太绣一个系在红腰带上的钱袋,又叫"腰里挎",上面绣花草、月亮,同时还要绣上四个字——"月花月有",以象征家中的钱越花越有,永不枯竭。

有文化的人过生日,要吟诗作对联,出谜语。如谜面"山上有座山,闯王把马牵,砚台石头破,嘉字力不全",谜底为"出门见喜"。天津农村给小孩儿过生日,请人用红笔或双勾写上"庭前垂柳珍重待春风",每个字都是九画。然后每过一天,让孩子用墨笔描红,教育孩子根据节令安排生活和农事,如农民所说"七九种麦麦(指大麦)""种蒜不出九,出九长独头"等。

随着时代的发展,人们过生日可以简朴大方,但充满民俗文化内涵的"孝"和"德"不应忘记。我身边一位老人讲的一句话耐人寻味:"嘛玩意儿,都学外国,比着花钱买蛋糕,然后吹腊烛,介不是'吹灯拔蜡'吗?我这上岁数的嘴又不兜风,吹得满蛋糕唾沫星子,介不拿我找乐儿吗?!"

天津人说话就这么直来直去,办事也"亮嗖"。嘛叫"亮嗖"?咱下篇给您讲。

嘛叫"亮嗖"

"亮嗖",是天津人赞赏一个人心里透亮、办事亮堂、麻利、快,那么这两个字是怎么来的呢?

过去,在渤海湾有位双目失明的船老大,年近六十,性格倔强,为人畅快。别看他双目失明,可仍是驾驶帆船的老大。由于他岁数大,"没眼",人们赞誉他为"亮叟"。"亮叟"有多大能耐呢?他把舵,可以根据风向、海水的响声、水的腥味、泥的苦咸,扯篷挂帆。去龙口、大连、烟台,方位、方向比罗盘和航海图都准。他能知道在何处下网鱼多鱼少;收网时,他能说出大约有多少鱼,有什么种类。

有一天,来了一位洋学生,找到"亮叟"爷爷后,便跪地叩头。说自己是英国航海学校毕业,老师在课堂上讲"渤海湾有一双目失明的船老大,可以航海驾船",特来拜师学艺。"亮叟"爷爷毫无戒意,说:"你能吃苦,就跟我上船。"这个洋学生还真是一个能吃苦的孩子,在生活上照顾"亮叟"爷爷,在船上干活儿也不外行,而且抢着干累活儿重活儿。爬桅杆、洗甲板,聪明利落,博得"亮叟"爷爷的信任和喜欢。有一次,"亮叟"爷爷接了一单往大连运货的生意,决定带洋学生前往。当船起锚、离开码头驶向大海后,洋学生弄不清船的方位。再看"亮叟"爷爷稳坐船尾,手把舵杆,向水手下达指令有条不紊。当他喊"捞水"(测水深)时,洋学生对"捞水"的水手说:"大哥,我来。"抄起水铊子,往海里一扔,只见那铅铊向海底下沉。但他不等铅铊子着地,便喊:"水深六米五。"喊声未落,"亮叟"爷爷"咦"

了一声："六米五？""是呀！爷爷！""你看错了！""错不了。""亮叟"爷爷说："把铅铊上的泥抓一块给我！"洋学生不知干嘛，抓来一块烂泥，说："给您！""亮叟"爷爷往咀里一嚼，脸色大变："怎么跑了一天，还没出河口？"就这一手，那位洋学生就傻了，就听"亮叟"爷爷一声怒吼："小子，你过来，说实话，你凭什么骗我？"这个洋学生"扑通"一声跪下了，说："我就是想试试您，是不是有我们老师说的这么神。因为航海是一门大学问，而且勃海湾是世界上最复杂的小港口，一个双目失明的船老大能比洋船长还有本事？""亮叟"爷爷听完乐了，说："我跟我爷爷、我爹三代人行船五十多年，吃的海泥也有上千斤！你给我的那块泥，又淡又臭，黏黏糊糊，只有河泥才是这个味道，海泥腥、咸、粗散，不同地方味道又不相同……"不等"亮叟"爷爷说完，洋学生就说："服啦！您比有眼的洋人都亮嗖。"后来这个洋学生回国写了一本航海的书，作者的名字用英语标注"亮嗖"。

从此，人们把办事亮堂称为"亮嗖"，"亮嗖"的人绝不"糊弄局儿"。嘛叫""糊弄局儿"？我下篇给您讲。

嘛叫"糊弄局儿"

"糊弄局儿",这句天津话颇有琢磨头儿,"糊弄",本身就具有欺骗性,加一个"局儿",就是大凡欺骗一定设局。所以天津人告诉您:要想识破欺骗,首先要知道欺骗者设的是嘛"局儿"。那么,"糊弄局儿"这句话是怎么来的呢?天津曾发生过一件有意思的事。

1939年8月天津闹大水,人们在避难中,发现唯有西北角以西的西头一带没有受灾。究其原因,是与其所处地势有关。但偏偏有人就此做开了文章:"这为嘛没淹?因为西头梁家咀公所供奉的观音菩萨显灵。""为嘛供奉观音菩萨的地方也有被淹的呢?""因为公所里的信徒虔诚,他们不吸烟不喝酒,将所有香火钱全都供给菩萨。"

有一天,在大水闹得最凶的时候,公所的"老当家"请来一班吹鼓手,身穿大红袍,头戴大礼帽,吹吹打打抬着轿子,来到运河南岸。设香案、烧香、点蜡、摆供,众信徒叩首,呼唤请"大王爷"保佑。一些善男信女也闻讯赶来上香、捐款捐物,乞求"大王爷"保佑,免去水灾之祸,弄得运河两岸人山人海。而且,还不由人们不信,过了两个时辰左右,只见从河水中忽忽悠悠游来一条绿色的蛇。这条蛇抬头看了看岸上的信男信女,"老当家"激动不已。引领众人跪地叩头,说"请大王爷入宫",这条蛇还真往岸上爬。"老当家"高喊:"大王爷降福,津门百姓免水患躲灾难!"然后将一个黑漆方形木质托盘放在岸边,托盘上面铺着黄表纸。这条蛇爬到盘中央,然后"老当家"用方形玻璃罩罩上,毕恭毕敬地托着盘子送到轿里。两岸信徒个个热泪盈眶,"大王爷"在众人的欢呼及吹吹打打声中被请回公所。由此,了不得啦!每天前来进香、捐款捐物者拥挤不堪,什么请"大王爷"治病的、询问凶吉的、求生贵子……求愿者叩完头,看到蛇抬头,便认为是显灵了。没过数日,这条蛇便有气无力地卧在玻璃罩中不再抬头了。"老当家"的又生一计:说"大王爷"要回龙宫。于是他们又吹吹打打地用轿将蛇送回河中,公所得到一笔巨额收入。待公所又缺钱时,继续造舆论,说"大王爷"念及津门信徒虔诚,又游到运河,等着迎驾。公所的人又一阵忙活。但香火就不如以前了。几天后,公所的人就偷偷地把"大王爷"送回河里。

为什么呢?聪明的天津人识破了他们这个"局儿"。小蛇为什么能上钩?因为他们在木盘的黄纸上涂上米汁、香料等物,在河中的小蛇一闻到香味,就爬上托盘不愿动了。从此天津人便讽刺那些设局儿糊弄人的,为"糊弄局儿"。

天津人在揭露"糊弄局儿"的同时,往往还会说一句:"介不拿我们'打镲'吗!""打镲"这句话是怎么来的?咱下篇讲。

嘛叫"打镲"

"打镲"是天津土语,意指你说东、他应西。于是天津人就说:"介不跟我'打镲'吗?我问天他说地,满不挨着。"可是为嘛叫"打镲"呢?"镲"是响器,锣、鼓、镲是不可分割的锣鼓家伙,怎么把"打镲"专做它用?这个词是怎么来的呢?

过去,在天津老城厢,有一落魄的秀才,姓刘名道源。当时六十多岁,个头儿不高,身上经常穿着一件灰布长衫,脑袋后边留着一条花白的辫子,脸庞有点儿消瘦,但精气神儿却特别好。尤其是他的两只眼睛总是炯炯有神,说话时还高音亮嗓。他成天在城厢一带的大商号周围游来逛去,当某个商号新开张时,他不请自到,手捧着自己写的火红的对联登门贺喜。商店老板一旦冷言讥讽,他便假装听不见,旁顾左右而言他。若商店奉上十元八元的钞票作为回礼酬谢时,他拿起就走,除了自己留下少许,剩余全撒给附近的小乞丐。那时老百姓都非常穷,若是死了人办不起丧事,他便领着居丧的人到大买卖家化缘。店老板们知道,不掏钱,这个刘道源假装听不明白,跟你扯别的事,人家怕影响生意总是要施舍一点儿。

有一天,一家土豪办丧事,请来一拨儿和尚念经。其中有个和尚得了暴病来不了。怎么办?有人出主意,说:"刘道源经常出入百姓家的丧事,又是个秀才,请他来帮个忙。"当值事的和尚找到他时,刘道源问:"请我担任什么差事?""请您打镲,不知您能否屈就?"刘道源本来不会,但他不说不会,说:"这家土豪名声不好,我不能为他送路。""不！您不为他，救场如救火，您看在我们经常扶困济危的面上，补个台。"刘道源一听，便想用大价把此事驳了。说："你们最高的和尚拿多少钱？""一元！""我得要五元！""啊！您把我们大伙一半的钱都拿走了。"刘道源说："不行就不去！"转身就走。可当时是火烧眉毛，不容耽搁。这个和尚把镲塞进他手里拽着他就走。丧事的主家等着"送路"呢！刘道源跟着他硬着头皮加入诵经的和尚中，当大和尚领着"送路"的弟子开始演奏时，刘道源拿着镲犯了难，凭着小聪明轻轻地打了几下，全不在点儿上。领头的大和尚瞪了他一眼，这一瞪，他可来气了，跟叫他来的和尚说："你们敲的这个点儿不对，这不是送路的点儿。""那是什么点儿？""你们都跟着我的点儿走。""好！"这个刘道源一挥两只镲就打上了：锵锵七锵七，锵锵七锵七锵七……整个一个扭秧歌的点儿，有几个和尚还下意识地随着。"送路"改成"扭秧歌"了！把大和尚气的，这是打镲吗？没见过这么打镲的！从这便留下了"打镲"这个词儿。

刘道源的"打镲"让"送路"耍上了大秧歌。那么，嘛叫"耍儿"和"大耍儿"呢？咱下期讲。

天津卫的"耍儿"和"大耍儿"

"耍儿"是天津独有的词语,"耍儿"与旧社会的"混混儿"还不同。现在有人定义"耍儿"为"玩儿闹","大耍儿"为"玩儿闹"的头头儿。笔者认为"耍儿"的起源不是"玩儿闹",而是指耍手艺、耍绝活,"大耍儿"是出类拔萃、高人一头的能工巧匠。过去,在天津这个码头不会耍两下真技,是难以立足的。我小时候在河北鸟市就见过"耍儿"。

河北鸟市,因原处南运河北岸而得名,其历史渊远流长。1930年前后,河北鸟市发展到全盛时期。除卖鸟、虫以外,已演变成商贩云集、吃喝玩乐俱全的娱乐场所了。原来的茶摊、说书棚子、撂地打把式卖艺的,也逐渐发展成了书场、茶社和戏园子。1935年前后,书场茶社即有宝生、小华北、庆和、光荣、玉峰、金华、连记、声远、东来轩、玉茗春、同乐等十几家,后来还有聚英戏院和河北电影院。当时的鸟市,每天从早到晚人流滚滚、川流不息,弦歌之声不绝于耳,因此吸引了津京有名的老艺人都曾在这里献艺。而且鸟市的饮食,也集津门小吃之大成,其中有名的如白记饺子店、恩发祥羊肉铺、全盛斋抻条面、陆记炸糕铺、三合成饭馆、姜记锅巴菜、德发成包子、马记切糕、柴记茶汤、丛记馃子、陈记肉合子铺、水煎包、羊肠子、水爆肚、面茶、老豆腐、坛子肉……人们在游乐之余,进餐方便又实惠。

由于我从小在此处学徒,经常见到炒菜的师傅敲炒勺,打烧饼的或烙大饼的用面杖在面案上敲花点儿，我师父告诉我这叫"耍儿"，而且全靠这种"耍儿"招呼生意。我最爱看的一个"耍儿"，是酱肉摊切杂样的。这个师傅切杂样站在高台上，腰里系着围裙，他前面是张桌子，桌上的盘子里摆着酱肉、猪耳朵、小肚儿、肠子、口条……他的"耍儿"是切杂样耍刀，好看极了。如有人买两角钱的杂样，他能给你切一刻钟。当然这种"耍儿"，旨在吸引人流，只见他用刀面、刀尖或刀刃撞击木墩子，叮叮当当，发出强弱快慢的木器加金属的音声。有单点儿、双点儿、混合花点儿，节奏花哨，悦耳动听，使切肉声进入了艺术境界。师傅在耍刀花儿时，眯着眼，身体随着节奏摇摆，完全是陶醉和享受，比现在的摇滚还美。两毛钱的肉他折腾半天，给人的感觉是切了一大堆，其实他包在荷叶里、交在你手上的也就是十来块的肉。当然，这是等价交换，不坑人，音乐白送。许多人驻足不买杂样，专看他表演，我师父说："耍儿他爹耍儿得还好，可以双手持刀，将刀扔到空中，双手轮换接刀切肉，人送外号'大耍儿'。"这是不是"耍儿"和"大耍儿"的来源呢？如是，那么现在的"玩儿闹"也应该正本源、回归本意了。

看"耍儿"是眼福。天津还管碰巧遇到好事，说是福分和造化。嘛叫"造化？"咱下期讲。

嘛叫"造化"

"造化",是指福气,富有天地赐予的色彩。在天津普遍使用"造化"一词,源自清代的一个故事。都说天津人有"造化",这是怎么回事呢?

清咸丰三年(公元1853年),太平军定都南京后,派李开芳、林凤祥等率领起义军北伐。咸丰帝决定让一柴姓王爷点兵十万并率十员大将阻挡太平军北上。柴王爷领旨之后心惊胆战、夜不能寐。转天即到东狱庙求神问签。恰逢大和尚是天津人,问明所求后,便让柴王爷烧香、求签问卜。当柴王爷毕恭毕敬抽出一根签,交与大和尚解惑时,大和尚略一沉思,给出八个字:"人借地灵,勿犯地名。"柴王爷即刻点兵,并将"人借地灵,勿犯地名"八个字告知军师。然后由军师策划,第一站兵屯大兴,所到之处搜掠豪夺,民不聊生。第二站兵住何处?探马报知,前面是雄县霸州,柴王爷心想"雄、霸"二字不犯地名,决定发兵前往。这时李开芳领导的太平军所向披靡,从南京一路很快攻下山东济南府,占领了德州。各地告急文书似雪片一样飞到皇宫,咸丰皇帝一天三道御批:督促柴王抵御太平军兵马北上。但柴王无奈赶到沧州吴桥时,被太平军打得七零八落,溃不成军,十员大将死之八九,然后他讨教军师为何输得如此之惨。军师说:"此战输在吴桥'人犯地名'。"柴王一想:"对!吴(无)桥,无桥想过河,须要伐木,木乃柴也,我柴家军都被当成木头扔在河里啦!"于是说:"咱赶快跑吧!"太平军乘胜追击,打得柴王爷丢盔弃甲，就连骑的战马也被打死，光头赤脚跑到天津城西的一个村子住下。这时一军卒跑来报告，说："太平军离咱只有十里之遥。"柴王爷想了一会儿，马上吩咐士兵招来乡民，问："前边是什么地儿？"乡民回答："是灰堆。""怎么写？""柴禾被火一烧就成了灰的灰，好多灰弄成一块，就成了一堆儿的堆儿。"柴王爷"啊"了一声。停了好大工夫又问："顺河往上走，是什么地方？""是上河圈。""顺河往下走呢？"柴王问。"是下河圈。"乡民答。"要从这过了河是什么地方？""是冯（缝）口，走几步就是吴（无）嘴。"柴王听完仰天长叹，打发走乡民，买了一柱香，召集部下都到海河边，说："我柴某带兵，今天犯了地名，柴禾进了灰堆，说明已经全完了，想往上走有上河圈，想往下走有下河圈，对面冯（缝）口和吴（无）嘴，我没法活了。你们各自散去，寻条活命吧！"说完，一头扎进海河。因此人们都说是东狱庙的那个和尚给天津人带来的"造化"，少了一次生灵涂炭，咱天津老少爷们儿有"造化"。

腊八快到了，下篇我给您讲讲"腊八"。

天津人怎么过"腊八"

腊八到了！您"腊八"怎么过？在哪过？天津人怎么过腊八？这个问题看似简单，实际不然。

中国人过腊八的历史已有一千多年。从记载来看，这一习俗最早始于宋代。每逢腊八这一天，不论是朝廷、官府、寺院，还是黎民百姓家，都要做两件事，一是喝腊八粥，二是祭祀祖先。中国各地的腊八粥争奇竞巧，品种繁多。其中就属咱天津最为讲究，掺在白米中的物品较多，如红枣、莲子、核桃、栗子、杏仁、桂圆、葡萄干、花生等，总计不下二十种。这样一个传统风俗，偏偏有人冠以崇洋媚外的说法，我不否认，外国人过"腊八"有其自己的定义。但是我们岂能忘记，中华民族的传统节令是循天时而成俗，形成于农业文明，腊八除了喝腊八粥安享一年劳动成果之外，最重要的是祭祀祖先，感恩祖辈和师长。我们尊重信仰自由，但是你知道你自己身上流的是谁的血吗？在中华传统文化里，"身体发肤受之父母"，不是上帝造人，人是娘生父母养的，是祖宗一代一代传下来的。所以中华民族的儿女特别感恩父母，海外华人寻根问祖、认祖归宗，即是如此。天津人挂在嘴边上的是"咱得对得起祖宗"。对于那些办了缺德事的，往往被痛斥为"给祖宗丢人"。"慎终追远"，这个"追远"就是寻根敬祖。现在不能不说，确实有些人连祖宗都忘了，当今有多少年轻人还能记得爷爷奶奶以上的三代？

成形于唐朝、盛于清代的科举及学府考试，虽然因腐败遭唾

17

弃。但其中有一条我认为是值得推崇的,那就是考生必须要明确写出自己父母以上的祖先(最好的是写出了祖先八代)及祖上哪一位为国家建立过什么功勋,忘祖的人是没有考试资格的。

中国无"国教",但有"国德",即有国人普遍崇仰的伦理道德。西方首推宗教信仰,信奉上帝,所以把自己的名字放到祖宗姓氏前面;儒家首重人伦道德,所以把祖传姓氏放在个人名字前面。西方传统的村镇设教堂,我国传统的村镇设祠堂,祠堂记录着血缘传承、伦理次序,是伦理文化的载体,甚或年轻人结婚不是进"教堂"而是进祠堂。

天津人崇尚行善,在腊八这一天,街坊邻居互送腊八粥提倡团结友爱,更是尊老敬贤,为此,我以为,是否可把有所淡化的祭祖予以提倡?但不管怎样,起码我们不应忘记自己的祖宗。

天津有许多令人羡慕和留恋的地方,拿民居来说,近年有人钦佩北京的"四合院",殊不知,咱天津有毫不逊色的"四合套"。下篇咱讲讲"四合套"。

天津卫的"四合套"

北京有"四合院"，天津有"四合套"。北京叫宅门、大宅门、四合院；天津俗称大院、大门、"四合套"。有嘛区别？这里的讲究可多了，现在一提保护北京"四合院"，专家学者趋之若鹜，而天津的"四合套"也毫不逊色。

咱先说"四合院"和"四合套"的区别：北京的"四合院"，两侧建东、西跨院；天津的"四合套"，以箭道纵贯其中，沟通中、东、西三套大院，开便门通向箭道，出入方便，互不干扰。可以说箭道是传统民居"四合院"的发展和创新。天津"四合套"的结构，叫"四梁八柱"。这是指建筑物前、后各四根木柱，为"八柱"；前后柱顶置大柁，即大梁，纵向共计四根，故曰"四梁"。为嘛是这种架构？北京是皇城根下，明、清时代，有着严格的住宅等级制度。明代规定："一品二品厅堂五间九架，三品五品厅堂五间七架，六品九品厅堂三间七架，不许在宅院前后左右多占地……庶民庐舍不过三间五架，不许用斗拱、饰彩色。"

天津卫可不管那套，咱是盐商富户，没有品级之分，不是规定庶民可以建三间五架吗？招数有得是，我建多进的"四合套"，加上箭道、跨院，不但占地面积大，房屋也多达一二百间。按照等级，装修不准饰彩色。咱有"对策"，为嘛？咱有得是钱。不饰彩色，咱大量使用砖雕、木刻。天津的"刻砖马"和"刻砖刘"那是一绝。门楼、影壁、正房、厢房的墀头、博缝、房脊、檐口，雕上"五福捧寿""凤戏牡丹""亭台楼阁""花卉博古"等。木雕以龙凤雕于花门、内外檐、额枋、花罩、隔扇、四扇屏,构图完美。北京的"四合院"没法和咱比。这些装饰效果,是天津市传统民居和民间工艺的一大特色。

"天津八大家"和一些大家宅第的"四合套",大都是虎座门楼、高台阶,由过道、影壁、天井、过厅、正厢房、高墙组成,其中又套若干小四合院或三合院。房屋台基离地一米,屋檐宏伟高翘,墙垣环绕,形成凝重恬静的小天地,隔断了市井的喧闹,构成了一幅民居里巷的画卷。

"四合套"讲究疏密关系,密处由青瓦覆盖的坡面屋顶,重重叠叠。高大舒展的围墙,四周封闭,廊墙相连,密集的巷道和大块的房子,都是有机的疏密组合。虚实对比,大小对比,动静对比,点面对比,简繁刚柔对比,具有韵律美与和谐美。在老城密集的居住状态下,较好地解决了日照通风、保温隔热、防噪音等问题。老城"四合套"周围有院墙封闭,对外一般不设窗,它不仅满足了人们安全居住的心理,而且有效地抵挡了北方的风沙侵袭。

"四合套"为嘛盖这么好?天津有句话叫"凡事不能栽"。嘛意思?咱下篇讲嘛叫"凡事不能栽"。

天津人"凡事不能栽"

"凡事不能栽",是天津爷们儿的性格。在天津这个华洋杂处、充满码头文化因素的地域中,不怕事、能扛事,遇见嘛事也不能栽。这种脾气秉性,体现了天津人的骨气,也成就了许多大事。您知道当初响誉津门、在华北屈指可数的玉清池是怎么建起来的吗?说起来可笑,这是别人不在意的一句戗火,遇见了"凡事不能栽"的一个爷们儿给盖起来的。这事说起来还倍儿哏儿。

1922年底,天津靠鲜货水果发家的祁霈霖到南市华园澡堂洗澡。然后请修脚师傅孙振山为其修脚,孙振山修脚技艺高超,服务周到。祁霈霖虽地位显赫,但没有一点儿瞧不起修脚工的傲慢。因为是老主顾,两人边修脚边聊。这时华园澡堂的王经理怕怠慢其他顾客,便斥责孙振山:"别光顾聊天,抓紧干活儿。"祁爷一听不高兴了:"催什么?我给双份钱。"王经理也不含糊:"您有钱,自己开个澡堂子多舒服!"这句话可惹了"凡事不能栽"的祁爷,当着众人的面,说了一句:"咱爷们儿要盖,就盖个比你好的。"

"不能栽",就得说话算话。他说干就干,远了还不去,地点就选在离华园澡堂不远的荣吉大街与永安街交口处,购地三亩,投资四十万元。用一年多的时间,于1924年独资建成了当时华北规模最大、设备最全的玉清池,这个建筑在当时气派非凡,五层砖混结构,建筑面积五千一百六十七平方米,南北两座楼,中间设天桥相连。楼内安装了德国最新的西门子电梯,这是当时天津的第二部电梯。

21

大门设于转角处,楼顶有突出的八角阁楼。冬有暖气,夏有电扇。开业初始,在四楼附设西餐厅。

嘛叫"不能栽"?该浴池有自己的毛巾、浴巾厂、肥皂厂。玉清池的毛巾、浴巾、肥皂全为自制。院内有深井专供自用水,还有发电机和蒸馏水厂。

"不能栽",还得讲义气。当初挨训斥的修脚师傅孙振山,祁爷出面"拔创",聘他为玉清池的经理,领导职工二百余人。

"不能栽",就得有面子。他让自己的儿子祁卜五出任了天津澡堂同业公会会长,张作霖、倪嗣冲、张宗昌等名流经常光顾玉清池。说起来,还有一件哏儿事:当年,在南市燕乐戏院演红了的侯宝林,开始拿"包银"了,他也像有钱人那样来到玉清池。看见"搓脚"的呲牙咧嘴地喊美,他不明白那是"搓脚气"。也摆着谱,说:"过来!搓脚。"没搓两次,把脚气传上了。他说:"我要什么面子?这不花钱找病吗?!"

天津人争强好胜还表现在诸多的民间绝艺、绝技上,下篇给您讲"贴道西"。

"二十九,贴道西"

"贴道西"又叫"贴到有""贴吊钱儿"。为嘛有三个名字?每个名字是怎么来的?从何时有的这个习俗呢?

天津人为了迎接春节,在腊月二十九开始"贴道西",最早叫"贴吊钱儿",南方叫"挂钱"。咱天津"贴吊钱儿"的历史最早,始于宋代。那是一种用黄纸砸成的小幅黄钱,长三寸,宽两寸,下端成燕尾形,共砸上九个小圆钱,另用红纸剪成一个小方块,涂上金粉再印"福"字,贴在上端。过年时,商家的幌子、钱柜,居民的器物,甚至马车、生产工具、牛羊的角上,猪、驴、马、骡的耳朵上也要贴,特别是供奉祖先牌位的两侧必须要贴。到了清代,天津的"吊钱儿"独具特色,既不同于江南诸地的精细刻剪,也不同于西北的粗犷有力。而是偏于写实,人物比例匀称,花草动物多从年画、瓷器、木雕中取图案,线与面的过渡比较柔和,不强调跳动幅度的对比,为取得饱满丰盛的喜庆效果,注重外形刻画。小面积如人的脸部采用阴刻、大面的处理用阳线刻画,很少用锐线、长直线,更多地使用小弧线或大圆线,求得浑厚柔美的效果。为了适应市场供需,由剪发展为刻的方法,也始自天津,刻比剪产量高,而且能够保持规格上的一致。内容反映求福、吉祥、增寿等,如"五福临门""聚宝盆""招财进宝""吉详如意""金玉满堂""福寿康宁"等;也有的以吉祥语"合家欢乐""四季平安"等为中心,以万字和圆钱为衬底构成图案。

随着天津商埠经济的发展,外县小贩都来津索货。其中最有名

23

的作坊,是东门里的进宝斋,在天后宫和估衣街等地的集市,更是大量地批发和零售。有一年,乾隆爷微服私访到了估衣街,看到各式各样的"吊钱儿"爱不释手。他不懂啊,便问店里的伙计:"此为何物?"天津对外人的称谓有个老礼儿,不管谁都叫"二爷",说:"二爷!介叫吊钱儿……"乾隆脸上露出些许不悦,心想:"吊钱儿,我乾隆也有个乾字,这不是把我给吊起来了吗?"旁边的和珅善于察颜观色,马上说:"这名字有些俗,您给赐个名吧?"乾隆一琢磨,说:"叫'道西'。'道'为万物之源;'西'为禾谷富余;这'道西'的谐音还是'到有',就是到处有财富、富裕。"第二天,有人传乾隆御旨,天津的"吊钱"叫"道西"。可天津的老太太、婶子大娘们叫着不习惯,还叫"吊钱儿"。有人劝她们改名,说:"小伙计那天叫二爷的是皇上,他给改的名。"老太太说:"我就叫吊钱儿,不管他什么皇上二大爷。"从此还留下一句"管他什么皇上二大爷"的口头语。

贴完"吊钱儿"就过年啦!您知道从何时有的"年",咱天津怎么过年吗?下篇我给您讲"年"。

天津人过"年"

天津人认为"不出正月都是年",那么,从何时有的年?咱怎么过年呢?

首先说何时有的年。其名称是在演进之中而形成,《尔雅·释天》讲:"夏曰岁,商曰祀,周曰年,唐虞曰载。"也就是说夏朝叫"岁",商代叫"祀",到了周朝,就正式称为"年"了。年末岁首的"年",主题是辞旧迎新,核心是年俗。表现为穿新衣、备年货、吃年夜饭,要年年有鱼("余"的谐音),鸡是"吉利",豆腐是"福""富",葱是"聪",芹是"勤",苹果是平安……这其中充满年俗文化。但年俗文化的魂是什么?绝不是吃和穿,而是人伦情义,这是年俗的真谛——祭拜祖先、夫妻恩爱、亲慈子孝、感恩长辈、关爱晚辈,安享天伦之乐,也可以说年俗承载着中华文化的血脉和精华。

近几年,偶听人云"我们的年味儿越来越淡了",什么原因呢?我以为:如果"年"只是讲究吃喝穿戴,压岁礼只知道钱数,拜年只是乏味的客套,发贺卡只是古旧枯燥的形式,我们的"年"就不能不变味儿。我曾听一小学生在拜年之后跟妈妈抱怨:"奶奶太抠门儿了,压岁钱才给了一百块……"悲哀!曾几何时,在儿童幼小的心灵中,拜年成了拜金,把人伦情义当作了商品。我还看到:压岁的红包越给越大,且成攀比之风,已造成"给"与"收"者的双重负担,甚至有的老人不胜其负。另外,还有时髦的微信拜年抢红包,连小学生之间都乐此不疲。这怎么能是我们天津过年的民俗呢?

曾记得:天津蔚然成习的风俗,是正月要做善事,即便是穷苦百姓,遇到上门乞讨者,有一个窝头也要掰一半;文化名人、乡贤、绅士,要把一年中的善举和家庭成员中做的每一件好事写进祠堂,逐年积累,教育后代行善尽孝;有文化的长辈,根据每个子女的状况,在压岁礼包中写上不同的期望和祝愿;哪怕是不识字的老太太在给孙男弟女礼包时,也一定有嘱咐:什么"考试得双百""当个五好生""长大当工程师"……压岁钱多少没人挑,接受者毕恭毕敬,核心是不负长者希望而进行的承诺。我年轻时当兵不能回家过年,可每次老人的信函叮咛,都让我热泪盈眶。

我还听到有的年轻人讲:"过年与家人过,过洋节与朋友过。"春节难道不能与朋友交往吗?以我所接触的相声界举例,马三立每年初一一早儿给其师兄张寿臣拜年,常宝霆每年初一给搭档白全福拜年……他们都几十年如一日坚持这个老礼儿。在朋友间,咱天津人还有个习俗,叫"平常有嘛隔核、误会,互相拜个年,嘛事都能揭过这篇儿去"。

今儿个我也遵照咱老礼儿,不出正月都是年,我给喜欢和支持我的读者拜个年。

天津人应该了解家乡更多的知识。下篇咱讲海河。

怎么认识"海河"

海河是天津的母亲河,天津人是喝海河水长大的,习称自己是海河儿女。可是您知道海河为什么叫"海河"吗?这个名字是从什么时候有的?由谁给起的?海河至今有多少岁了?日前,我陪外地朋友游海河,这样一个看似简单的问题,可问了这么多天津朋友、包括导游,竟然无一人能回答上来。所以,我今天就和您探讨一下这个问题。

海河的名称见于正式文字记载较晚,能查到的是:明万历四十一年(1613年),徐光启到天津海河干流南岸屯垦,深入田间,"随时采集,兼之访问"。在他所著的《农政全书·粪壅规则》中说:"天津海河上人云:'灰土田惹碱。'"首先提到"海河"之名。后在清初,著名学者陈仪在《直隶河渠志》中说:"海河,南北运河、淀河(大清河)之汇流,自天津东北之三岔口迄海口之大沽,长一百二十里。"从此以后,界河、直沽河和大沽河诸名称,逐渐为海河所代替。而海河干流上游称"三岔河",在清道光、咸丰年间仍保留,从道光年间《津门保甲图说》上可以看到,干流上部有三岔河的名称。从天津入海的大沽河自明中叶称为海河后,其近海两岸地区仍沿习过去俗称为"海下"(海河下),其上、中段称"海上"(海河上)。从上述记载中可得出结论,海河的名称源于明代中叶。

那么,在明代之前,海河叫什么名字呢?古时对海河称沽水、沽河。《汉书·地理志(渔阳郡·渔阳县)》条注称:"沽水出塞外,东南至

泉州(故城在现武清区黄庄街城上村)入海。"因此,一些诗文在描写海河风光时,或称之为"沽水"。干流两岸有不少村庄更以"沽"字命名,有时还合称"津沽"。

这条河,即海河。至今有多少年了呢?咱可以骄傲地说——五千多年啦!五千多年前,"九河下梢"的河口或海口在三岔口,即现狮子林桥附近。由于"九河"带来了大量泥沙,沉积在河口的海域,而逐渐变成陆地。大约过了二三千年,到春秋战国时期,海河河道已经向东长出三十来里,入海口移到了白塘口。又经过一千多年的淤淀,到唐、宋时代,海河河道又伸长了二三十里,泥沽口又成了入海口。再过了几百年,海河继续向东伸延二三十里,入海口就到了大沽口。从三岔口到大沽口这段陆地至此定型,海河的成长也到此结束,所以海河迄今已经历五千多年。

天津人要知道海河、了解海河,同时也要知道"七十二沽"。下篇咱讲"七十二沽"。

应该知道"七十二沽"

天津向来有"七十二沽"之说,所以,天津人不但要了解海河的历史,还要明白"七十二沽"。

历代文人墨客,颂扬天津都离不开"七十二沽"。老天津卫思乡怀土绝不是念叨"狗不理包子",而吟颂"七十二沽"往往使他们老泪纵横。那么,天津是否有"七十二沽"? 又是哪"七十二沽"呢?

"七十二沽"是以海河沿岸风光和地理地域特征而命名,并流传至今的。那么是哪"七十二沽"呢? 据《天津县新志》卷二十七《从余》称:在天津县境内实只二十一沽。另外五十一沽则在宝坻和宁河两县。

在天津县境内的二十一沽,名声大的是从城西北的丁字沽、西沽起,继之是城东北的小直沽、大直沽,沿海河下去,有咸水沽、葛沽、桃源沽、东泥沽、西泥沽,直到海河入海处的大沽。

丁字沽的名字是怎么来的呢? 清初诗人朱导江诗云:"潞卫交流入海平,丁沽风物久闻名。"潞河即今北运河,卫河是南运河,两河流进天津,在城北八里处汇合,成丁字形,故名丁字沽。西沽在明代曾设官渡,清康熙时,在旧址设浮桥。民国后,沿北运河岸遍种桃树,春天桃花盛开,成为天津春游胜地。直沽是明清以来对天津三岔口居民区的通称。流传下来的大直沽地名在今海河东岸,当地多设制酒烧锅,酿制高粱白干酒名闻全国。

咸水沽在海河中下段西南岸,同葛沽、桃源沽、东泥沽、西泥沽等都在一侧。为嘛叫咸水沽？据说，海河水随潮上涨，咸水至此而止，故名咸水沽。海河入海处，是大沽和塘沽。

"七十二沽"的数字准确吗？津门掌故家杨平曾根据旧时的行政区域划分，一一列举地名，除了上述天津县境有二十一沽外，竟凑足了八十一沽。也有前人考证"七十二沽"，把这个数字凑得不多不少，这都无可厚非。

我以为：沽而号七十二，是极言其多。就像三百六十行，举概数而言之一样。而最重要的是津沽之美、之壮丽是融进天津老少爷们儿血液中的，叩开"七十二沽"历史的大门，我们仿佛听到：这里奏响着至大至尊、至柔至刚、响彻环宇的地域之声；我们行走在"七十二沽"，吟咏着清代诗人查昌业的《即景》："寻芳步步踏青来，柳外何人筑钓台？七十二沽春水活，午景声里野桃开。"

我爱我们的"七十二沽"，这里是我们生活、成长的地方。这里有我们许多美好的记忆，也留下了我们许多的童趣。不知道您在幼年时，玩儿过什么游戏呢？我记得有一种"咬老根儿"的游戏，什么叫"咬老根儿"？下篇咱就讲"咬老根儿"。

儿童时期的"咬老根儿"

　　"咬老根儿",不知道哪位老年朋友还记得。这是我们小时候玩儿的一种儿童游戏,即到秋高气爽之时,三个一群、五个一伙的小伙伴们,到处拾飘落的杨树叶。然后两人一拨儿,各出一片落叶,将叶柄勾在一起拉拽,断者为输,然后再选一片更粗壮坚实的重新较量。获胜一方,手舞足蹈、乐不可支。有的孩子为获取胜利,将树叶放在球鞋中,"捂"在臭哄哄的汗脚下,美其名曰,增加叶根儿的韧劲儿,现在回忆起来仍感觉乐趣无穷。当今,这种游戏已难得一见,每个家庭中的"小皇帝"各种玩具堆积如山,要什么就给买什么。爸爸妈妈宠,七大姑八大姨送,甚至爷爷奶奶、姥爷姥姥不惜微薄的退休金,什么机械的、电动的、摇控的、大的小的……买到成灾。再给他们讲:"爷爷小时候'咬老根儿'咬败一个胡同。"竟然引来孩子和他们爸爸妈妈蔑视的笑声。我曾尝试着捡来"老根儿",谁也不跟我玩儿。时过境迁,这种曾经带给我童年乐趣、不花钱的游戏只能作为六十岁以上的老叟们在一起津津乐道的谈资了。

　　老啦!回忆也是乐趣。玩"咬老根儿"仅仅是因为那时候穷,儿童玩具不发达吗?也未必。这起码可以增加儿童春秋两季户外活动和同学间的友谊吧!

　　翻阅历史,"咬老根儿"古代称为"斗草"。远古时期,先民始祖们艰苦求存,同样也需要娱乐调剂生活,由于条件所限,于是斗草、斗虫、斗鸡、斗兽等便成了他们的娱乐方式。也不能说玩儿"咬老根儿"就没有高雅的情趣。不少诗人对此都写下了别有情致的篇章，如白居易的《观儿戏诗》："抚尘覆斗草，尽日乐媳娥。"王安石诗："春深庭院闭苍苔，花影无人自上阶。共向园中寻百草，归来花下赌金钗。"这种古老游戏起源于上古，流行于先秦，唐宋时代也很盛行，因而在唐宋诗词中更有大量的踪迹可寻。如"青枝满地花狼藉，知是儿童斗草来"与"斗草赢多裙欲卸"等美妙的诗句，历历在目。往细里探究，"斗草"还与端午节民间采集百草的习俗有关。《荆楚岁时记》就有"五月五日，四民并踏百草，有斗百草之戏"的记载。《岁华纪丽谱》就说得更清楚："端午结庐蓄药，斗百草，缠五丝，在唐时最盛。"民国年间的《静海县志》也提到民间游戏的斗草，后来这种"斗草"在咱天津还叫"拉勾儿"。您可能不知道，在天津老少爷们儿中流传的"拉勾儿"，即对某件事双方认可、成交，以"拉勾儿"表示绝不反悔，小朋友之间的"拉勾儿兑现，一百年不许变"，就是从这种游戏中演变而来的。

我是老了吗？我留恋我的童年童趣，也忘不了那些带有知识性、趣味性、文学性的游戏。

除了"咬老根儿"，我们还玩儿"搧毛片儿"。下篇我给您讲讲"毛片儿"。

忘不了的"毛片儿"

"毛片儿",大约宽二寸、长三寸,上面印着孩子们喜欢的《水浒》中的各种人物:宋江、吴用、武松、林冲、鲁智深,《西游记》中的孙悟空、猪八戒、牛魔王、铁扇公主、杨戬、哪吒、太上老君,还有《隋唐演义》中的秦叔宝、程咬金、罗成、王伯当,以及《三国演义》《红楼梦》等名著中的人物。怎么玩儿呢?"拍毛片儿"又叫"搨毛号儿",将"毛号"有人物的一面扣在地上,用手掌拍"毛号儿"的一边,将对方的"毛号儿"拍翻过来即为赢。放在地上的"毛号儿"可以是一张,也可以是几张摞在一起。

那时候,一般的家庭很少给孩子买"小人书"(即连环画)。孩子们存够几分钱之后,才能去"小人书铺"去看"小人书"。"毛片儿"便宜,一分钱可以买十张。我就是从"毛片儿"中认识的各种历史人物,"毛片儿"中有人物介绍,也知道了许多人物故事。可是刚一开始,"毛片儿"很贵,那么,"毛片儿"是怎么来的?是谁的创意呢?

后来才明白,"毛片儿"源自香烟中的画片。烟商为了促进香烟的销售,在每包香烟里放一张,吸烟人要是凑齐几张,就可以到代销店领取奖品。当时的奖品包括卫生皂、牙粉、雪花膏、桂花油、鞋带儿、小镜子等。如果不要这些奖品,可以选择价格接近的香烟。后来在所有的烟盒中都有了这种画片,这是谁的首创呢?当时,英美烟草公司在上海浦东首先建立一个烟厂,然后又投入了大量资金,不但逐步扩大了上海的烟厂,并相继在全国建了不少烟厂。还投入了大笔资金进行广告宣传，上电台、进庙会，印宣传牌、发传单，想垄断中国的香烟市场。没想到中国的简昭南、简玉阶兄弟二人所建立的南洋兄弟烟草公司，出一奇招，采取了香烟内放画片儿的方法，竟然广受欢迎。因为这些画片儿是中国人喜欢的历史人物，而且凑成一组可以获赠香烟等奖品，因而销量直线上升。后来他们还采取搜集齐"一百单八将"三国人物给巨奖的促销方式，实际上他们根本就没印全过。这让英美烟草公司败在了一张小小的画片儿上，这种宣传攻势和效果达到什么程度呢？老百姓认为"只有放画片的香烟才是正品"。买香烟时先问："有画片吗？"气得英美公司在面临破产的情况下，只得仿照南洋兄弟烟草公司的办法，也往香烟里面放画片儿。当"毛片儿"成为孩子们的游戏产物时，机灵的小贩们印制成套的《三国演义》《西游记》"毛片儿"出售，这才让烟草公司终止了在香烟内放"毛片儿"。

清明节快到了，咱天津人怎么过清明？有嘛特点？讲究什么呢？我下篇给您讲。

天津人过"清明"

清明快到啦。咱天津卫比任何一个地方都重视这个日子,而且还把清明的前十天和后十天,都纳入清明的范畴。那么,天津人怎样理解清明的来历?最信奉的是什么说法?祭拜先人的核心、特点、内容、形式是什么?有嘛讲究呢?

关于清明节的来历说法不一,但生活在天津这个码头的老少爷们儿,最信奉的是清明来源于晋文公和介子推的故事。

春秋时期,介子推割下自己大腿上的肉,供奉晋文公,使其得以生还。后介子推功成名就隐居绵山,而晋文公放火焚山,逼介子推复出做官。孰料介子推留下一首遗诗,决意焚身一死。诗中写道:"割肉奉君尽丹心,但愿主公常清明……臣在九泉心无愧,愿君清明复清明。"晋文公被介子推感动,下令从今以后介子推殉主之日严禁烟火,因为禁火吃寒食,故称"寒食"。这一日正好是清明前一天,后来逐渐把清明、寒食合二为一,把清明之日称"寒食节",也称清明节。为什么天津人信奉这个来源?因为天津老少爷们儿讲义气,也最崇敬有义气的人。所以每到清明前后,戏曲舞台、说书唱曲儿的都上演《火烧绵山》。达官贵人、婶子大娘痛哭流涕:"看看人家介子推,不为当官愿君清明。""晋文公义气、够板,纪念介子推定下清明节。"

那么天津人过清明的核心是什么呢?就是两个字——感恩。这与咱的文化底蕴、民风、民俗有关,与西方的感恩节大不相同。西方人感恩主、感恩神,认为神创造一切,而我们感恩赐予我们生命的先人和居于生命链条上端的列祖列宗,以及为民族造福的先烈先贤。天津人扫墓的突出特点是:行礼完毕,要由家庭中主要成员在墓前"叨咕叨咕、嘚啵嘚啵",向故去先人念叨念叨哪个后辈娶妻生子了、考上大学了、妻贤子孝、敬乞老人放心、福荫子孙……内容和形式是:抚摸亲人墓碑、骨灰盒,犹如抚摸亲人躯体、灵魂,在感受"生死两茫茫"的悲怆,感念生我育我的恩泽的同时,使活着的人在生死的感悟中,灵魂受到震颤、洗礼和净化,让后代在缅怀先贤中,思考人生的价值和生命的意义。天津人在清明还感恩养育人类的天地大自然。扫墓过后,还有踏青、拔河、放风筝、荡秋千等一系列体育活动,以锻炼身体,领悟生命的意蕴和真谛。

天津人的清明讲究嘛呢?咱最讲究"人过留名,雁过留声""对得起祖宗"。随着时代的进步,大多数家庭中没有祠堂和祖宗牌位了。但我发现,近年来不少家庭在写家庭回忆录、家史……现在不少家庭中都有了大学生、研究生、博士生,我看到他们有的每人写一至两篇文章汇集成册,有的记述父亲母亲、爷爷奶奶抚养子女所经历的艰难困苦、农民的品德、工人的勤劳……我应邀出席过筹划写作家史的家庭会议,多次看到他们在动情时流泪……这就是我们天津人知道感恩、重视家教、家风、家规、家训的民俗民风,也是我所感悟的天津人的清明。

在天津的方言土语中,有一个词叫"臭娄",嘛叫"臭娄"呢?下篇我讲"臭娄"。

嘛叫"臭娄"

"臭娄",原指普通的鸽子。这种鸽子肉厚,但飞不高也飞不远,傻,放出去飞不回来。天津人将此词进行了延伸,把技艺不精并有些发傻的人通称"臭娄"。棋艺不精者叫"臭棋娄子"。这本来是个贬义词,可在天津历史上确实有一支队伍,自己给自己起名字,叫"臭娄队",这是怎么回事呢?

1925 年,在大名鼎鼎的南开学校诞生了一个篮球队,自称是"娄子队","娄子"与天津的土语"臭娄"是一个意思,为什么叫这个名呢?谁都知道张伯苓是我国发展体育的先驱,并明确提出"不懂体育者,不能当校长"。张伯苓认为,近代中华民族之大病有"愚、弱、贫、散、私"五端,其中"弱、散、私"三病均可通过体育锻炼来根治。作为私立学校的南开,办学经费虽然捉襟见肘,但在学生不过千余人的情况下,仍有十五个篮球场、五个足球场、六个排球场、十七个网球场、三处器械场,以及两个有四百米跑道的标准运动场。南开校方,几乎每年都要举办运动会,并在春秋两季轮流在清华和南开举行两校间的篮球和足球赛。1924 年,以南开篮球队为主力的华北队,在武汉夺取了全国冠军。但随着主力队员相继毕业离校,一时间接不上茬。在这个节骨眼儿上,南开大学篮球队与清华大学篮球队比赛,输给了清华大学。赛后,清华大学放电影进行招待,没想到,正片还没开演,银幕上打出幻灯片———一只大纸篓!这是开玩笑,也是寒碜人。天津人不傻,"篓子"就是说你们是"臭娄"。此事一传开,学生们七嘴八舌。嘛叫争气?咱重整队伍,为了记住这个"寒碜",球队用英文起名,翻译过来就叫"娄子队"。"娄子队"横下一条心,要洗刷耻辱。结果不负众望,最露脸的是远征上海,打败了外国人组成的"海贼队"、美国海军陆战队的篮球队以及远东篮球冠军菲律宾代表队。至于什么清华等国内的篮球队更不在话下。这不仅给南开学校争了气,也为天津人露了脸,更为中华民族争了气。打那以后,"南开五虎"在国内留下了美名。

给自己起名叫"娄子队",说明什么?说明输了就认,但认输而不服输,要记住耻辱、洗刷耻辱,这叫嘛?叫士气、争气、志气,这种实事求是、卧薪尝胆的精神,不应该给今天的人们一些启迪吗?!

天津的方言及民俗民风特别有讲究,如长辈故去,儿女戴孝,孙子辈的要在孝上扎红缨。您知道为什么"扎红缨"吗?下篇咱讲为什么"戴孝扎红缨"。

为什么"戴孝扎红缨"

在天津卫,长辈过世,晚辈们都要把自己的布鞋用白布幪上、缝好。儿子辈腰缠孝带、头戴孝帽,孙子辈和重孙子辈儿的在鞋和孝帽子上扎红缨。红缨的多少取决于辈分,孙子辈儿的扎一个红缨,重孙子辈儿的扎两个红缨,依此类推。随着时代的进步,丧事从简,将重孝改为"戴黑纱"。但"扎红缨"的习俗至今未变。可是您知道为什么"扎红缨"吗?这个风俗是怎么来的?其中有什么寓意呢?

传说早年间在咱渤海湾,渔民家家过着丰衣足食的生活。有一户唐姓家人,三口人,老两口和身边一个不足十八岁的儿子,为人忠厚。乡亲们谁家有事都请他们帮忙,似乎是渔民心目中的主心骨。早期的渤海湾渔民,只在浅水滩打鱼捞虾,不敢到深海去,怕触礁翻船,丧失性命。随着时间的推移,浅水滩一带的鱼虾几乎捕干捞净,人们眼巴巴地望着深海长叹!怎么办呢?唐老汉和老伴儿商量,为了咱乡亲们的生活和子孙后代,我要冒险闯一次深海,探明暗礁路线,予以标注。乡亲们听说之后,都来阻拦:"深海太危险,这九死一生的事情使不得。"但唐老汉决心已下,第二天便带着独生儿子,毅然决然地驾船闯深海。

两天过去了,老伴儿未见爷儿俩返航,唯恐凶多吉少,便瞒着乡亲们驾船出海找寻。老太太天生脾气倔强,胆大心细,同时也有一身好水性。当她驾船到了深海后,发现在每个暗礁处都有麻绳拴着红布予以标记。她一路寻找，当找到一处暗礁时，发现了破碎的渔船。同时也看到，老伴儿搂着儿子死在了一深水暗礁处，可爷儿俩手中还都拿着麻绳和红布，场景十分凄惨。唐老太丝毫未犹豫，擦干了眼泪，将这处暗礁绑上麻绳拴好红布，拼力将爷儿俩搬上船，凭着惊人的毅力，驾船往回驶，当她奄奄一息之时，碰上营救她的众渔民。老太太用尽最后力气，将标志的暗礁、水深、航线一一地告诉了乡亲们之后，含笑仙逝。众渔民为唐姓一家举行了隆重的丧礼，全村披麻戴孝。由于唐姓父妇之子尚未娶妻，乡亲们在厚葬时，又集体做出决定：凡比唐姓夫妇及儿子晚两辈的，都在孝上缝一红布头，再晚一辈的缝两块红布头，依此类推，以此视为都是唐姓子孙。同时也以此告慰先人，有"红布"做标志，渔民的子孙不怕风吹浪打，永不触礁。后来，渔民们还在村中修了一座"娘娘庙"，每到他们的祭日时，全村依"红布条"数字，依次祭拜。这个风俗一代一代地往下传，在传的过程中，红布条演变成红缨球。此举被视为知恩图报、尊崇孝道，逐渐由渤海湾影响到城里并传入北方……

　　在渤海湾，还留传下来一句土语，叫"解手"。这是怎么回事？咱下篇给您讲"解手"。

"解手"一词是怎么来的

　　"解手",现在已成为国人皆知的词语。我认为,这个词是天津人的贡献,而且连外国人都很欣赏。为什么呢?研究中国民间语言的外国人说:中国民间用语文明,为了归避不雅之词,有时说"方便",有时说"解手"。"解手"比"方便"更好,因为说"方便",容易让外国人误会。比如想跟别人约会或谈事,要问对方:"您什么时候方便?我想和您见个面。"如外国人把这个"方便"理解成"大小便"就麻烦啦——"怎么还有这时候邀我的?"再比如,想跟外国漂亮女士照像,说:"您什么时候方便?我跟您照像?"那女的能拿你当流氓。

　　可是您知道"解手"这个词是怎么来的吗?

　　这是明朝时期的事,燕王扫北,朱棣的千军万马来到了咱渤海湾。由于连日行军,人困马乏,便下令安营扎寨。当燕王细细查看了渤海湾的地形和渔民的生活后,他大为吃惊:"这个地方太好了,渤海物产丰富,渔民丰衣足食,鱼虾成群,海滩还盛产食盐。"于是他想到:元末明初以来,中原连年战乱,水灾、蝗灾泛滥,出现了"人食人肉"的惨状。这一路征战,百姓生活惨不忍睹。我何不将中原人移民至此,从战略上也利我利国。于是便形成了自元末以来历史上最大的一次移民,即"从中原拨民数千,移居渤海湾"。

　　可是中原人谁也不愿背井离乡,告示贴了,赏也悬了,无人响应。燕王火了,凶狠地将中原人居住的房子全部烧毁,由将士们押解着这些人前往渤海湾。因为怕有人半路逃跑,他们将所有人的手

41

与手捆起来，五人一串，十人一队，用绳子串联。如若逃跑，格杀勿论。就这样，几千百姓由中原向渤海湾行进。百姓们路上大小便怎么办呢？要先行请示，然后由士兵将绳子解开，完事再捆起来。时间一长，人们若要大小便，便习惯地高声喊士兵"解手"，士兵们也就明白是啥意思了。慢慢地"解手"就代替了"大小便"这一用语。但哪里有压迫，哪里就有反抗。移民中，有几个胆子大、有威信的人，被公推为首领，行进中由他们替老弱病残者说话。当时机成熟，经过密谋，在队伍中又发展壮大了骨干。有一次骨干们在共同约定好的时间，前后队伍中的骨干都喊"解手"，然后有计划、有步骤地将士兵围住，解开众人之手，与押解的将士展开博斗。最后一哄而散，这部分人大都落户在渤海沿海一带。有意思的是，为庆祝这次重获自由，也为纪念"解手"这个令人引以为傲的用语，便津津乐道地将此词延续至今，并传播到各地。

天津话有意思、有特点，其起源大都有故事。如"认死理儿"这个词儿，就来源于一个感天动地的真事，我下篇给您讲讲"认死理儿"。

天津人的"认死理儿"

"认死理儿"是形容一个人认准一条"理儿",死守这个"理儿",为了这个"理儿"宁愿抛弃名利、粉身碎骨。现今流传于世的一系列爱情故事,都没有天津历史上一段真实故事感天动地,主人公就是典型的"认死理儿"。

相传在一千多年前的唐代,蓟州城外的滕庄,有一名秀才叫滕经本,才貌双全,与本庄的姑娘小凤青梅竹马,乡亲们都夸他们是天生的一对。岂知小凤长到十八岁时出天花,落了一脸麻子。有人劝滕经本解除婚约,滕经本是个"认死理儿"的人,说:"男人一诺千金,我非小凤不娶。"不料小凤也是刚烈女子,说:"有这样一个爱我的人已心满意足,我不能委屈滕秀才。"她采取了跳崖了断的方式,但人未死,又摔断了双腿。"认死理儿"的滕经本怕小凤再出意外,便将又麻又瘫的小凤接到自己家中。一年后,他见小凤情绪稳定,说:"我要赴京应试,等我金榜题名,咱即成亲。"

滕经本将小凤交与老母便赴长安。此时,长安城就轰动了,都在议论蓟州来了个绝世美男。这时主考官的独生女也看上了滕经本,没办法,主考官亲自将滕经本请到府上说媒。"认死理儿"的滕经本一口回绝。主考官脑羞成怒,将本来排在头名的滕经本一笔勾掉。而滕经本也放言:"宁可不为官,也不能说了不算。"他即返回蓟州。那天恰逢元宵节,刚上任的蓟州总兵大人领着女儿观灯。其女也是绝代美女,她看了一眼滕经本,便魂不守舍。叫丫环把自己的

43

心思告诉滕经本。滕经本一见这个美人确实人间难寻，但仍以理谢绝。其女将此意告知父亲，总兵大人一挥手，强行把滕经本"请"到总兵府。什么高官厚禄、黑脸白脸轮换唱，但滕经本就是"认死一个理儿"——我已允诺娶小凤，誓死不改。总兵大人发话："杀！"

恰巧一位仆人敬佩滕经本的为人，悄悄地将滕经本放走。滕经本半夜三更朝家赶，还没进庄，就见自己家中起了大火，庄外都是总兵的人马，滕经本心里明白，是自己害了未婚妻和年迈的老母。"认死理儿"的他，做了一个决定：宁可当和尚，也不与总兵的千金小姐成婚。他连夜奔北塘海口，想坐船去烟台。可谁知他刚上了船，两岸兵马就赶到啦。总兵大人在马上高喊滕经本："与小女成亲，饶你不死。"滕经本对总兵大人断喝："我生与小凤为婚，死与小凤结妻。"然后跳海自尽。

渤海湾的乡亲为怀念滕经本，修了一座庙。传说他到了龙宫后被封为"海神"，这就是沿海一带各村都有的"海神庙"，也称"小圣庙"。史书记载："小圣，是一位海神，相传姓滕名经本，乃一名书生，年二十古，落水而成神，所以称小圣。"

天津人不仅有"认死理儿"的民风，还且还都仁义。下篇我给您讲"仁义。"

嘛叫"仁义"

您知道《孙子兵法》的诞生地吗？毋庸讳言，现在山东、江苏都为争夺该书诞生地而振振有词，甚或为吸引游客投资数亿建造孙武文化园。而我对此却有不吐不快之诤言：为建造中国文化长城，由中华人民共和国文化部主办，笔者担任主编的《中国民间文学集成》(天津卷)中，经诸多文化人采访考证，且已历代深入民心的是，《孙子兵法》诞生在咱天津蓟州挂月峰，而成就孙武完成此书的是"仁义"二字。

在两千年前的战国，著名兵法家孙武的老师鬼谷子先生带十几个学生读万卷仁义书，行万里慈善事。当他们来到盘山挂月峰时，认为此处为天地仙境。驻扎之后，开垦了一片盘桃果林，造福山民。一次，鬼谷子带学生去民间访高人，叮嘱孙武看好桃林，防野兽猿猴糟蹋。孙武搬进桃园，一边读书一边看桃。第二天，他发现靠近山根的两棵桃树，有几个熟透的大桃儿没了。心想这是人还是猴所为呢？如果是山民口渴或充饥倒也无所谓。没想到，今天是东边、明天是西边，每天都有两三颗桃树上的大桃儿丢失。便有些许生气，责任驱使他开始夜间巡视，果然发现一个孩子在树上摘桃儿。当时他想，不可高声喝止，否则孩子一害怕，从树上掉下来容易摔伤。可是他又发现这个孩子摘的桃子不多也不吃，到了树下，脱下衣服将四五个桃子包好，转身疾走。好奇心让孙武在后面悄悄跟着，看见他迅速钻进一个山洞。孙武更好奇了，他跟着孩子走进山洞一看，眼泪都快流下来了。见这个孩子将摘下的桃子递给一个双目失明的老太太，说："奶奶您吃吧！账我记下了，这是第十六个桃子，长大了我还。"孙武一见，忙给老者施礼，说："老人家，您这是……"老太太说："他的父母采药时摔死了，我和孙子相依为命，这几日患病，无粮充饥，孙子便到你们桃林摘挑，并发誓将来奉还……"孙武听后，将二人接到桃园，每日精心调理，并教孩子识字。十余天后，老太太身体康复，欲辞别孙武。走前，老太太将孙武领到一山洞内，一指山洞里码放整齐的一捆竹简，说："先生是个读书人，您看这东西有用吗？"孙武抽出几片一看，有的字认识，有的字不认识，便问竹简的来历，老太太说："十几年前，洞里住着一位老先生，天天在洞里写书简。直到他病得不能走路了还在写。我就帮他拾柴、提水、伺候他，他临终前叮嘱：'将竹简一定要送给仁义的读书人。'你把它拿走吧！"

待孙武的老师鬼谷子回来一看竹简，大吃一惊："啊！这是一部完整的兵书！"从此，鬼谷子每天教孙武读兵书，多年后，孙武的《孙子兵法》问世了。孙武牢记老师遗言：兵书乃仁义之书，要打造仁义之师。

咱天津不与别人争该书诞生地，我想也属仁义之举。在义方面，咱天津卫还有一个词儿叫"踢脚儿"，下篇给您讲"踢脚儿"。

嘛叫"踢脚儿"

"踢脚儿",这是天津土语,意思是路遇不平,拔刀相助,天津人叫"踢脚儿",或"踢上一脚儿"。"踢脚儿",语言轻松、俏皮,在生死面前无所谓:"嘛玩意儿,在这个码头欺负人?咱看见了就得帮助踢一脚儿!"这是咱天津的民风。可是您知道"踢脚儿"一词是怎么来的?为嘛叫"踢脚儿"呢?

早年间,天津津南的高庄是有名的"武术之乡",其中有一位在京津赫赫有名的武林高手高师父,为人忠厚,仗义疏财。门下有弟子二十余名,个个身怀绝技,走镖、卖艺所赚之钱全部用于照顾穷苦乡邻。那一年,本庄有个十来岁的孩子,叫拴子,也要拜在高师父门下学艺。高师父对他家状况十分清楚,他父母双亡,每天要伺候双目失明的奶奶。便说:"学武之人,身处江湖,走镖卖艺,甚为危险。老奶奶不可一日无人,所以你这个徒弟我不能收。"拴子闻听跪地不起,高师父说:"这么着吧!你先练腿功。"说着话领着拴子走到一棵碗口粗的榆树旁,朝树干猛踢一脚,咔嚓一声,树干断了。然后说:"你每天在你家门前小树这儿练踢腿,下地干活前和收工回家后,左右脚各踢十下。"拴子心实,每天都按照高师父传授的办法练踢树,小树由小变大,一直到高师父故去后他都没忘练功。随着时间的推移,接替高师父的大师兄撑起了高庄"武术之乡"的牌子,仍然享有远近闻名的声誉。

一天,一个从东北来到高庄的武师,姓张,外号"神腿张",带着几个徒弟前来寻仇。说大师兄的师父几年前在东北走镖打残了他的师兄，今日要灭了高庄习武之人。大师兄见状，说："冤有头，债有主，我是大师兄，要命拿走，要比武，你开道我跟着。""神腿张"来到一面墙前，在地下划个圈，说："我站圈里，你选一人踢我三脚，把我踹出圈儿，撞到墙上，我们旧账两清。反过来，你们踹不倒我，我就踹你们三脚。把你们踹到墙上，你们就跪下喊爷，从今往后高庄人不许习武。"说罢，他握拳捶胸，往圈儿里一跳，地下的方砖被踩成碎沫，两条腿像钉在地上一样。内行看门道，大师兄心想："师父的美名、高庄的声誉就要毁于一旦……"正在这时，就听被人淡忘的拴子一声大吼："我踢一脚儿！"说时迟那时快，人们只听得一阵风声呜呜作响，沙石、尘土飞扬。"神腿张"见势不妙，大喊一声："不好！"猛一闪身跳出圈外，拴子已来不及收脚，只听"嗵"的一声响，拴子踢出的右脚已穿墙而过。在场的人都惊呆了，这时拴子已经收回右脚，左脚飞向"神腿张"。"神腿张"高喊一声："我服啦！"跪在地下求饶。拴子收回拟踢向"神腿张"的左脚，高喊："我刚踢了一脚儿你就服啦?！"从此便留下了"踢脚儿"这句话。

在天津土语中，还有一个词儿——"橡儿亮"，下篇给您讲"橡儿亮"的来历。

嘛叫"椽儿亮"

"椽儿亮"是天津土语,是指某个人脑子快,顺应形势、识时务、会办事。如某个人脑子笨,会说这个人"死椽子""椽儿不亮"。"椽子",本来是指盖房子时放在房檩上架着屋面板和瓦的木条,"椽儿亮"应是建筑术语,意为明椽亮瓦。可咱天津为嘛管脑子快叫"椽儿亮"呢?

解放前,天津南市是一些混混儿"杂霸地"为非作歹之地。有一个混混儿霸占了一间门脸房,想找木匠重新装修,有一位木工师傅和儿子应了这个活儿。同行知道后便劝他:"主家是地痞流氓,干完活儿很难拿到钱。"这个木工师傅姓张,手艺好,性格犟,说:"我活儿干好了,为嘛不给钱?"他起早贪黑,很快活儿就干完了,验活给钱时,这个混混儿的手下说:"你们知道什么是明椽亮瓦吗?这太阳照不到椽子、看不见瓦亮。你们把活儿干坏了,得赔,工钱没有,干活的家伙也得扣下。"张师傅据理力争,说:"我这个活儿没问题,当有阳光时,太阳光透过亮瓦在室内墙壁或地面形成光影,叫明椽亮瓦,没有太阳怎么能看到明椽亮瓦?"这时,张师傅的儿子说了一句:"你们欺负人,想赖账。"没想到这个混混儿冷不丁给了他一耳光,这可把张师傅气坏了,只见他上下其手,一眨眼,把四五个混混儿全打趴下啦!领头的混混儿一见这个老头儿身手不凡,爬起来说:"你等着。"赶紧跑去告诉他主子,说:"这个老头儿会武,我们几个怎么趴下的都不知道,您赶紧去看看。"混混儿头子说:"咱不能栽,你准备家伙带着人,我过去看看。"到了店里,一看老头儿没走,便哈哈一笑,说:

"钱我带来了。""哗！"将一小口袋大洋往桌上一放，然后说："你不露一手，怎么走出我这间屋？"这时大门向两边敞开着，门口站着两排手持砍刀、斧把儿的混混儿。老头儿微微一笑，抬头看见屋内桌子上摆着一刀毛头纸。他站起来，伸出一只手，在纸上轻轻按了一下，这个混混儿头，将一刀纸上边掀开，只留下了最下面的一张，然后毕恭毕敬一挥手，"钱您拿走"，并大喊一声："请！"张老头拿着大洋带着儿子和家伙转身就走。那个挨打的小混混儿不知道怎么回事，还嘀咕"橛子不亮"，混混儿头说："吓！再说橛子不亮，咱全完蛋。"小混混儿们百思不得其解，可低头一看那刀毛头纸，吓得目瞪口呆。原来是一百张一刀的毛头纸，上面九十九张纸和桌面都完好无损，只是最下面的一张纸上有一个被震碎的手印。这样的内功他们闻所未闻，都夸混混儿头脑子快，给钱放人，也都认可屋里的橛子亮了。从此，天津老百姓便把"橛儿亮"当个笑话，并留下了这句土语。

旧社会的歪门邪道特别离奇，还有一段因骗术过人而留下"赚人"一词的故事，咱下篇讲。

50

嘛叫"赚人"

"赚人",又叫"攥人",这句天津土语,就是骗人或被骗的意思。在天津这个码头上,"赚人"的手段五花八门,有经验的老少爷们儿往往劝那些外地涉事不深的人,会说:"介都是'攥人',别搭理他们。"可是天津人为嘛管骗人叫"赚人"呢?这起源于一个轰动津门的骗局。

1936年,一个农村青年来津打工,走到西头人力市场时,突然,一位穿着讲究的老太太,抱住他喊:"儿子我可找到你了……"小伙子忙说:"您认错人了,我是……"这时又跑过来一位穿金戴银的女郎,抱住他喊:"爷们儿,你一走两年,想死我啦……"面对哭闹的娘儿俩,小伙子懵了。这时过来一个警察,问:"怎么回事?"老太太说:"找到我儿子了,他受了刺激,不认识他媳妇和妈妈了,这回行啦!您销案吧!"警察连说:"好!好!祝福你们娘儿俩。"小伙子心想:"是不是他儿子长得和我一样?先跟她们走,吃顿饱饭。"进了老太太家,富丽堂皇。有仆人喊他"少爷",洗澡更衣,里外三新,而且如花似玉的媳妇夜夜与他同枕共眠。老太太每天见着他就长嘘短叹掉眼泪,怕他吃不好喝不好,简直是天上掉馅饼啦!过了一个多月,就听他媳妇和老太太说:"我看我男人好啦!让他出去溜达溜达吧!"老太太说:"行!"转身对小伙子说:"给你点儿钱,去旭街(解放后改为和平路)祥记布庄买一丈二尺靠色丝绸,我做衣裳。"他媳妇叫了一辆胶皮(洋车),并嘱咐买完就回。拉胶皮的将他拉到祥记布庄，小伙子按要求买完布仍坐这辆胶皮回家。他媳妇一见非常高兴，沏好了水等着他了，说你喝茶，我给老太太送去。天气热，小伙子喝着茶挺高兴。一会儿，老太太沉着脸进来，说："你被布庄老板骗了，这丝绸被虫子咬了，颜色也花了……"小伙子一听，气往上撞："我找他们去！"来到布庄，老板拒不认账。双方吵了起来，忽然，小伙子一捂胸口，倒地死了。围观人大吃一惊，老板也惊惶失措。正在这时，女郎和老太太坐车而至，母女二人一看，悲痛欲绝。老太太嚷着要儿子，女郎哭男人，并要与老板同归于尽。于是归官，曾记录他儿子失踪的警察出庭做证。说："女郎的丈夫迷失两年，刚团聚不久，这是备案和销案证明。"祥记布庄惹了人命官司，各种小报火上浇油。老板整天出入法院，原告非要布庄老板抵命。最后经人说合，祥记布庄老板允诺："分一半财产给原告母女维持生活。"才算了结这场官司。

原告母女得到财产后，销声匿迹。后经人揭露，才知是用女色和财产当诱饵，茶中放毒，用一条人命，换来半个布庄的钱财。所以天津人说这个骗局不是赚财，是"赚人"，便留下了"赚人"这个土语。

这个农村小伙子面对骗局显得"毛儿嫩"了。那么，"毛儿嫩"一词是怎么来的？咱下篇讲。

嘛叫"毛儿嫩"

"毛儿嫩",是天津人把那些为人处事浅薄、且自作聪明的人,称为"毛儿嫩"。为什么叫"毛儿嫩"呢?有这样一段故事。

汉代末年,天津杨村镇东1.5公里有一个村子叫枣安营。曹操率军北征乌桓,在此安营屯田,因村前遍植枣树,故称枣安营,现改为早安营。相传,有一个16岁的孩子,在村前枣树林旁开了个茶馆,茶馆挂着一块匾,上书"天下第一棋"。凡在此喝茶聊天的都可以和这个孩子下象棋,但没人能赢他,人称"小神童"。

有一天,一位领兵打仗的将军路过此地,一见"天下第一棋"牌匾,颇有不服之意,再一看是个孩子,这火可就更大了。说:"你黄牙嘴子未退,乳毛未干,竟敢口出狂言,来!大将军与你杀一盘。"这孩子不急不脑,先施一礼:"将军平叛为民造福,这里有茶水甜枣慰劳士兵。""害怕啦?别耽误时间,与我杀上一盘棋。"这孩子不慌不忙,将棋摆下,不到一袋烟的工夫,小孩就输了,站起来甘败下风。围观的将士开始讥笑这孩子,给大将军拍马屁。大将军高兴,说:"再下两盘,你若还输,就把'天下第一棋'的牌匾摘下来。"下了两盘,小孩全输了。大将军说:"你这毛儿还未干了,别吹牛!摘牌匾,我去平叛。"众将士更来劲了:"大将军才是'天下第一'。"美得这个将军胡子都翘起来了。过了月余,这位将军平叛大获全胜,凯旋而归。这天又来到枣安营,路过小孩开的茶馆,抬头一看:"啊?""天下第一棋"的牌匾还在茶馆明显处挂着,心中不悦。下马进了茶馆,看见这孩子便发火：“你是我手下败将，为何还不摘‘天下第一棋’的牌匾？”
小孩说：“贺大将军为我百姓平叛而获全胜，小子不才，能否再讨教
一盘，然后我再摘匾可否？”“好！我不欺负小孩，大将军我也高兴，
就教你一盘。”棋盘摆好，没想到，走了不到十步棋，将军就输了。他
心里不服，是不是有些轻敌啊？再下一盘，又输了，下到第三盘时简
直只有招架之功，无还手之力，是越输越惨。围观的将士一个个也
都老太太吃山芋——闷口了。大将军纳闷儿，问：“你这么高的棋
艺，绝不是这一个月练出来的。我问你，和我第一次下棋时你为什
么有意输给我？”这个孩子不慌不忙地站起来说：“头一回跟您下棋
时，您正在为国为民平叛，我作为国家的子民，没别的慰劳您，输给
您三盘棋，长大将军出征的威风，提升士兵豪气，乃我应尽之意。”
“嗬！这个孩子不仅有如此的胸怀和远见，而且从涵养上也高出我
数倍，我竟然讥笑人家乳毛未干……”大将军深施一礼，说：“是我
毛儿嫩啊！”

　　天津人重情重义，下篇我给您讲讲“让道儿”。

嘛叫"让道儿"

"让道儿",是天津人做生意、办事的讲究。宁可自己吃亏,也要给别人让出一条道儿,让人家赚钱或为别人方便,否则就会让旁人说不懂规矩、不讲板眼。那么,"让道儿"这句土语源自哪呢?笔者认为,与天津盛行的高跷、扛箱、中幡、旱船等出会规矩有关。

天津的各种花会没人能比,清乾隆年间曾集中展示过一百二十道皇会。今天咱仅以清朝嘉庆年间,北运河边的南仓村与北仓举例。南仓村的会头叫陈宝山,正月十五那天,南仓花会先奔北仓大庙。北仓镇是津北第一大镇,来出会的太多了。陈宝山手里拿着一面杏黄色小旗,先行拜庙,然后"踩街",按规矩:前头派人给各买卖家撒帖子,也叫"借道儿",接到帖子的商号或大宅门,如果截会,需在马路边以茶点伺候,花会即表演,但时间不能长,必须要给别人"让道儿",因为光北仓镇就有二十来道会,此外还有王庄村的高跷,刘园、柳滩的法鼓,阎街、王秦庄的少练会,肖庄子的小车会,阎庄大胡同的中幡……所以要给后边的"让道儿"。另外,所选路线尽量避开别的村的花会,也是"让道儿"的规矩。如属偶遇,碰面要"逗闷子",互相亮绝活,但见好就收,互相"让道儿"。没想到,这一天在前进途中碰到北仓张二率领的花会,这张二是有名的无赖,无人敢惹。陈宝山露了几样绝技,叫好声一片。张二手下的队伍使出看家本领,围观人的掌声稀稀啦啦,没人捧场。陈宝山的弟兄带头喊好,并主动为其"让道儿"。但张二认为让他现眼了,气鼓鼓地跑回家。

负责撒帖子的伙计心想不好,便提醒宝山:"前面是张二家门口了,是必经之路。怎么办?""你撒帖子时,他接没接?""他家大门紧闭,敲门不开!"南仓花鼓会到了张二家门前,正要越门而过,不料大门一开,窜出一人,端着一簸箕脏土,撒向陈宝山的队伍。陈宝山还未说话,张二先发制人:"知道'借道儿'的规矩吗?""谁不懂规矩?你一不接帖,二不'让道儿',反用脏土泼人,为什么?""我家门口,我愿倒土就倒土。"然后又喊:"北仓的老少爷们儿,南仓花会来北仓闹事,咱不让道儿。"北仓练武的人多,"噌"的一声窜出一位好汉,一猫腰把张二举了起来。这时有人喊:"住手!"原来是北仓花会的总教习宋二爷。宋二爷一抱拳,说:"三仓保一廒,北仓、南仓是一家人,北运河发大水,大家一齐打埝,闹八国联军时,大家一齐保家护民……前面是我宋家大院,已备好了茶点,明年正月里出会,我第一个送帖子,南仓花会可走北仓任何一条道儿。"此后,天津各道花会全以南仓北仓为典范,讲规矩,懂"让道儿"。

在天津民俗中,还有一句"破财免灾",这句话怎么来的?我下篇讲。

嘛叫"破财免灾"

常听天津人讲"破财免灾",当身边的人谁丢了钱或破了财,马上会有人安慰他别往心里去,"破财免灾"。而被劝的人听了这话,心情也会开朗一些。这是怎么回事?这句话是怎么来的呢?

从前天津老城里有位名中医,姓苏,医术高明,忠厚善良。穷人来看病,有钱没钱先看病,病好了,给多给少无所谓,甚至还掏钱接济那些慕名而来回家没有盘缠的农村人。

有一天,来了个看病的老头儿,面黄肌瘦,气喘吁吁,说一句话得缓三口气。苏大夫认真地给他号脉开药,并嘱咐他如何调理静养。这个老头儿走了半个时辰,又回来了,脑袋上青筋直跳,两眼血红,回来直奔苏大夫,说:"我有十两银子忘在你桌上了,赶紧还我。"苏大夫的弟子及旁边病人都大吃一惊,说:"从苏大夫给您看病到现在,我们都没离开苏大夫,苏大夫的桌子上何时有 10 两银子啊?而且苏大夫给病人看病号脉都没动地方,你是不是记错了?"旁边还有人议论:"这是不是讹钱的?"苏大夫也赶紧问:"你确实带了十两银子?"这个老头儿急得脸色惨白:"这是我全家命根子,没有这钱……"苏大夫马上说:"别急!这钱我看见了。"马上打开抽屉,拿出十两银子,说:"您看看,这是您的吗?"老头看罢,说:"是!是!谢谢!"拿着钱鞠了一躬,转身就走。

这时大家议论开了:"苏大夫,我们大家都看见了,您怎么拿自己的银子给这个老头儿啊?"另一位说:"这传出去,对您的名声可不好,您偷藏病人钱,半世英名可全毁了。""人嘴两扇皮,您不是犯傻了吗?"苏大夫微微一笑,说:"他的病是心力交瘁,气血不足,脉象沉弱,一旦急火攻心,肝火妄动,有猝死危险,我给他钱是破财,而且可能毁了我几十年从医的名声,但是你们想想,是我的名声重要还是这位老人的命重要?你们再看这位老人,分明是个卖苦力的老实人,又有病……"苏大夫一席话感动了在场的所有病人。

当天,苏大夫看完病就回家了。没想到,半夜他的诊所与周围店铺突然起火。在众人报警救火之时,见一老人奋不顾身在苏大夫诊所内扑火。当消防局赶到,将大火扑灭时,周围店铺几乎毁于一旦,而只有苏大夫诊所没有什么损失。消防局警员扶着在救火中被烧伤的老人,说:"多亏这位老汉发现火情及时报警,并不顾生命危险为诊所扑火。"大家一看,原来就是那个误领十两银子的老汉。原来老汉回家一看,自己的十两银子还在家中,是自己没往外带,心里过意不去,连夜步行十几里路,往回送银子,到了之后发现火情便报警和扑救。

所以天津人从此便留下了一句"破财免灾"的土语。

天津人还有一句经验总结,叫"倒霉上卦摊儿"。这是怎么回事?咱下篇讲。

嘛叫"倒霉上卦摊儿"

　　天津有句俗话,叫"倒霉上卦摊儿"。这是久居津门的老少爷们儿,识破那些坑蒙拐骗把戏的经验总结。我曾写过一篇文章——"第一个揭露算卦骗术的是相声"。在20世纪20年代,天津的相声演员就创作了《丢驴吃药》《大相面》等一系列节目。虽然我们常说"倒霉上卦摊儿",可是在现实中,用这句话却怎么也拦不住倒霉上卦摊儿的人。历史上,少帅张学良就在天津上过当。

　　日本侵华,东北危急,心情郁闷的少帅张学良客居津城。他听说有一"神算",能耐大,报纸上对他的宣传铺天盖地。在中原公司(现在的百货大楼)后边还有他的别墅,一般老百姓找他算卦算不起。兵荒马乱之时,"神算"高唱为穷苦百姓解水深火热的高调,将卦摊儿摆在了"三不管",实际上,是他缺钱了。并标明:每天只算五人。张学良也是倒霉催的,一定要去试试。但是他颇具心计,那天,卦摊儿来了三人,两个随从,一位老板。其中一位随从说:"我们掌柜的想求您一卦。""神算"说:"没空儿。""我多给钱!"随从央求"神算"。"神算"算完五个人就走,无奈,少帅连去三天,"神算"竟然未出摊儿,他们只得奔其住处。又连去了三天,佣人都说"'神算'没空儿",少帅忍着性子,到第四天让进屋了。"神算"的派头挺大,说:"报生辰八字!""掌柜"的报出生辰年月,"神算"说:"先生的生辰年月是否有误?""掌柜"的忙说:"没错!""神算"说:"令尊在年轻时做过绿林。"这一句话,把旁边一个随从吓了一跳。原来他才是少帅,那个"掌柜"的是替身。生辰年月报的是少帅的,这头一句话,就让少帅服了,其父张作霖年轻时确实做过绿林。这时,那个假掌柜的接着问:"我今后仕途命运?吉凶祸福?""神算"说:"天机难以泄露。""掌柜"的明白,这是要钱呢?让随从掏出五十元大洋。"神算"说:"看在你的诚意上,告诉你,令尊寿星有克。""啊?""掌柜"的又赶紧掏出一百元大洋:"求先生破解之法。""令尊犯一'行'字,避'行'则免难。"说完"神算"起身送客。

时过不久,张作霖被日本人炸死在皇姑屯,果然犯了那个"行"字。后来,聪明的张学良悟出是上当了,尽管他乔装打扮,但举手投足、气质,肯定暴露身份。"神算"再故意吊胃口,派人跟踪暗访,知其父为张作霖,用行话说,叫先"扣瓜头子"唬住客人,再"打二遍杵(杵是行话,即钱)"。然后出一"行"字,因为张作霖是日本人必除的心患。如避"行"未遇害,也算他对。

张学良后来说:"我这也是倒霉上卦摊儿啊!"

算卦就是蒙事,但凡蒙事都有一定令人难以识破的手法。下篇给您讲当初盖劝业场时都让人蒙了的哏事儿。

劝业场与蒙事行儿

"蒙事行儿",是天津人专指设局蒙人的行当。在天津旧码头以蒙事儿为业的不算少,但要识破他们蒙人的招数,绝非是一件易事。传说名震津门的高星桥在盖天津劝业场时,就遭人设局蒙了一回,后来成为老少爷们儿茶余饭后热议的一件哏事儿。

1926年,独具慧眼的高星桥认为天津的商业重心必定南移,他经过一段时间的考察,选中了法租界21号路的一片空地。当时,这片空地的两个角已经盖起了楼房,北面是1925年落成的浙江兴业银行,南面是1926年落成的惠中饭店;东西两面散落着几间低矮的平房,中间是天祥叫卖行的存货场。高星桥料定此处必有发展,斥巨资十万四千两白银从英国先农公司手中买得了这块面积为五亩二分的地皮。继而又花白银一万两聘请法国工程师阿布雷负责大楼的设计。这时高星桥的大管家建言,是否请高人看看风水?请谁呢?大管家打听到娘娘宫附近有个"赛神仙",被人们传得神乎其神,便以厚礼相请。这个"赛神仙"带着儿子去了以后,又是观日月,又是看星象,最后对高星桥比比画画说:"东家,天意告诉您,大楼建设应该坐西朝东,把住东西交通要道,图的是'东西'皆有,财源滚滚;大门朝东,旁门朝南,为的是东家有解'难'之处,无水火之灾……天意啊!此乃天意。"

这一套可蒙不了高星桥,他想:"怎么他看的方位和我设计的草图如出一辙?是不是有人透露了风声?"便一针见血地发问:"先生!

您说的'天意',我不懂,您怎么知道'天意'的呢?"没想到,这个"赛神仙"可不是吃素的,仰天一笑,说:"不知天意,我妄为'赛神仙',先生请看。"说着他拿出一个铺满沙子的沙盘,放到一棵大树之下,不到一袋烟的时辰,沙盘上就显现出了大楼的方位图。"啊?!"高星桥一愣,待他趋步走到沙盘细看,这个图是由无数蚂蚁组成的。这个"局",使智商颇高的高星桥都不能不信:"看起来,我的方案还真是天意。"他心中高兴,重赏"赛神仙",并命人即刻开工。

　　"赛神仙"的儿子回家以后,让父亲传授"请上天传意之技","赛神仙"一声奸笑,说:"你知道为什么蚂蚁组成的图样和我算的一模一样吗?"他倒掉沙盘上的沙子,说:"你看看,上面还有什么?"他儿子一边看一边摸,黏黏糊糊的,说:"这是什么?""赛神仙"说:"蜂蜜!蚂蚁见了蜂蜜能不吃吗?"

　　这个局设的,竟使后来发了财的高星桥还非常义气地赠给"赛神仙"一间房,从此赛神仙由卦摊进了卦室,自称"津门第一卦行",明白其骗术的天津人叫他"第一蒙事行儿"。

　　蒙事儿的手段离奇多样,下篇给您讲一个靠"佛爷显灵"骗钱的故事。

"穷逗弄"显灵

"逗弄",在天津方言中指"耍笑,作弄"。我们经常听到上岁数的斥责年轻人:"没事儿别'穷逗弄',一会儿逗弄急了,翻脸打起来啦,还得归派出所。"那么"逗弄"一词儿是怎么来的?为什么在"逗弄"前边还要加一个"穷"字呢?"逗弄"原先叫"豆弄",后来演变成"逗弄",这个词儿起源于一个特别眼儿的笑话。

在 20 世纪 20 年代的杨柳青镇,由于其地理位置的显要和浓郁的民俗民风,每逢庙会热闹非凡,周围几十里的乡亲和老城里的人都去杨柳青赶庙会。

有一天又到了杨柳青的庙会,庙里庙外人山人海,庙里面烧香、磕头、还愿、求神,大把的银钱往里扔。庙外五行八作,大闺女、小媳妇人挤人,连个挪脚的地方都没有。这时,就听有人大喝一声:"佛爷显灵啦!快去看啊!""在哪儿?""戏台前!"人们全都拥向戏台,就见戏台前的一片空地上,围了一圈人。人们大眼瞪小眼地看到,一块地皮正一点儿一点儿地松动,然后裂了一道两尺多长的地缝儿,慢慢地,一个滚圆的东西拱出了地皮儿,逐渐显现人的头顶、眉毛、眼睛、鼻子、口……周围的人大惑不解,这片空地附近没有建筑,人们刚才还在这片地上做买卖、人踩脚踏,怎么这么一会儿就出现这样的奇观呢?大约过了一个时辰,人们看清了,从地下慢慢拱上来的是一个佛头,慈眉善目,面露微笑。这时又听有人喊:"佛爷显灵,天佑杨柳青!"人们呼啦全跪下了,叩头求佛保佑。金子、银子、铜钱,像雨点儿一样哗哗落在佛头四周。一连几天,佛像还慢慢往上拱,方圆几百里甚至千里外的人都来拜佛,求财的、求官的、求佛保佑的……人们不惜血本地施舍,佛像边上的金银珠宝堆得像小山一样。

忽然有一天,佛像周围的金银财宝全都不见了,而佛头还在。怎么回事呢?终究有胆子大的。镇里有个秀才,他不信天下竟有这样的事,非要弄个水落石出。许多人都劝他,甚至威协他,可他就是不听。他抱住佛像的脑袋使劲往上一提,真相大白:原来,佛像下面有个水缸,这是趁人不注意的时候,挖了个坑,把一个水缸放进去,放上半缸水,然后缸里放了半缸豆子,再把一个佛像放在豆子上,埋好。豆子逐渐膨胀、发芽,这样,佛像就一点一点被拱上来了。那个设此计行骗的人,联系当地人挖坑埋佛,布局设托,看护人们施舍的金银财宝,过了几天,他们估摸这敛财的把戏耍得差不多了,带上金银财宝就跑了。人们大呼上当,闹了半天才知道是骗子利用豆子作弄了人,此后便留下了"豆弄——逗弄——穷逗弄"这句天津话。

除了五花八门的骗术,天津还出现过轰动一时的"神偷",下篇给您讲这个故事。

假套子被套

　　"假套子"，是天津人指那些心数不正、坑人骗人的把戏："别跟我玩儿这假套子！""跟我这玩儿套子活儿，骗得了我吗？"可是为什么叫"假套子"？这句话是怎么来的？玩儿"假套子"的人是否也被套过？我给您讲个离奇的故事。

　　在 20 世纪 30 年代，天津的中原公司、南市商场、估衣街及车站、码头曾发生过一系列离奇的被盗案件，被盗之物不是阔主口袋里的钱或钱包，而是大皮包、行李箱。上述这些地方提皮包、行李箱的人多，人们往往都注意自己口袋里的东西，心想：这么大个包或行李箱谁敢偷啊？偷盗者也不能把大箱子大包的藏身上，可是只要你的皮包或行李箱离开手，一眨眼就踪影皆无。待丢包丢箱的人转身找寻时，附近根本就没有提了他的包或箱子的人。接连发生这样的事，警局也破不了案。于是在天津传得可就神了，什么"神偷"、会"障眼法"、会"幻术"，简直是神乎其神。后来才知道，这个所谓的"神偷"，西装革履，戴一副金丝眼镜，经常提着个非常讲究的大皮箱，在估衣街、大商场、车站、码头这些热闹地方出现，提包、提箱的人谁要是碰到他，准倒霉。为什么呢？因为"神偷"的皮箱只有五个面儿，接触地面的那个面儿什么也没有，里面安着夹簧，只要把它往别的皮箱或手提包上一套，就会将箱或包夹走，任何人都看不出来。然后他迅速坐上"胶皮(即洋车)"离开。

　　那么，这个案是怎么破的呢？有一天，这个"神偷"发现一个珠宝商提着一箱子珠宝，便紧随其后。趁这个珠宝商掏钱付车钱的一瞬间，"神偷"套上他的箱子消失在拥挤的人群中。当他雇"胶皮"上了车之后，后面有人拍了他脑袋一下，他下意识地用手一捂脑袋，再低头往"胶皮"上一看，自己的箱子也丢啦！往远处一看，有一个人提着比他那只箱子还要大的皮箱，正匆匆忙忙地向人群中挤，他冲过去，揪住那个人："还我皮箱！""谁拿你皮箱了？""神偷"顺手夺过那个人的皮箱，将箱子翻了个个儿，原来也是个"假套子皮箱"，那个人脑羞成怒，顺手拔出尖刀给了"神偷"一刀，没想到神偷当场毙命。后经警局调查，他二人所用的"假套子皮箱"，出自天津劝业场内一家叫"裕成皮箱店"的铺眼儿。这家字号卖的皮箱子，分大、中、小三个号，论质地有牛皮的、羊皮的，最次的是纸皮的。他们按照"神偷"的设计，改装了箱子，当知道这种箱子"收获颇丰"之后，也为别的小偷制作这种箱子。当时法院判处惯窃、杀人的那个小偷死刑后，"裕成皮箱店"也因出售盗窃工具而被警察局查封了。

从此天津人就把坑人骗人的把戏称为"假套子"。

天津的旧码头离奇的事情特别多，但天津的老少爷们儿也有一句话："谁能过我这道坎儿？"嘛意思？下篇给您讲。

谁能过我这道坎儿

"你画出道儿来,咱练练!""看你们谁能过这道坎儿?"这两句话是嘛意思?第一句话是:双方不服气,一方让另一方出招——玩儿拳、玩儿跤、玩儿刀、玩儿枪……随你挑,叫"画道",而且统称"玩儿",打架不叫打架,叫"练练";后一句话"谁能过我这道坎儿",就是"谁能过我这道关"。天津人豪爽、义气、善良,讲究"你敬我一尺,我还你一丈",但绝不受糊弄。而且不管你势力多大、名望多高,不能糊弄人。演艺界有句话,"外地学艺,天津唱红,全国赚钱",谁过了天津这个坎儿,走到哪儿都没问题了。

　　在 20 世纪 30 年代，马连良在天津中国大戏院演《王佐断臂》，一个疏忽，袖子中的断臂动了一下，台下"抗议"的茶壶就飞台上去了！马老板当场谢罪退票，并说："本人学艺不精，日后再接受天津父老乡亲们检验。"马连良离开天津未再演出，为过天津这道"坎儿"，日夜苦练，最后在中国大戏院重演《王佐断臂》，演得好，天津老少爷们儿识货，重新捧你。侯宝林原先无名，1940 年到天津后，咱认为他好，无名也可捧红了他。

　　现在也是如此。20 世纪 80 年代，刘兰芳的一部《岳飞传》火遍东北。他师父说："你要闯一下天津这道铁门坎儿，过了这个坎儿，你就在全国立住了。"刘兰芳到天津，首演于华北戏院，使其获益匪浅。姜昆也曾说："我每次到天津，都是怀着朝圣的心情来的"。那么"过咱这道坎儿"，这句话是怎么来的呢？

　　明永乐初年，燕王朱棣率十万大军沿着渤海岸边从南向北追赶残余的元军，一口气追到了金钟河口，燕王在乌骓马上，见金钟河口的河宽、浪高，一条渡船也不见。心中焦急，瞧见不远的河边上有个老头，忙说："在下朱棣，请问老者此处是否有船……"老者像是没瞧见燕王，继续向前走。燕王想，兴许这位老者没听见，提高嗓门问道："请问老者，这河口附近可有渡船？"老者不耐烦地说："明知故问，河中有船没船自己没长眼！"燕王刚想发怒，又一想，可能我情急之中礼数不周，急忙从马上跳下来，深施了一礼，满脸赔笑地说："在下朱棣，为天下统一、黎民安居乐业，今日大军被阻无法渡河，特求教老人家。"老者这才停住脚步，说："人们相传燕王礼贤下士，是位有道明主，老朽不信，特来试探。"然后用手往河的一处一指，说："凌晨退潮，那里将露出一道三四尺宽的土坎，从南岸直通北岸。"燕王叩谢。凌晨十万大军浩浩荡荡过了金钟河。现在的金钟河口,水下还横着一道宽宽的土坎儿。此后,便留下一句话:"欺负人、糊弄人、瞧不起人的,谁也难过咱这道坎儿;礼贤下士,没有过不去的坎儿。"

天津卫是一个看真本事的码头,下篇给您讲"仙人方儿"与药糖的传说。

"仙人方儿"与药糖

药糖与天津人有不解之缘,老天津卫的人喜欢药糖,更爱听卖药糖的吆喝。日前,听一位医药工作者说:"有一种治嗓子的药,红火一时,其实就是源自咱天津药糖的配方。"于是这又触动我回忆起天津的药糖。您知道天津药糖是怎么诞生的吗?卖药糖有什么特点? 为什么卖药糖的开始时吆喝"天津卫的药糖独一份儿,想吃嘛味儿有嘛味儿;赵家的儿郎李家的妈,孝心的药糖仙人方儿"?

天津卫卖药糖的各有各的绝技,吆喝声最好的是王宝三。1913年他在南市上权仙附近有一门面房熬制药糖,门前摆条案,待砂糖熬到一定火候时加进砂仁、豆豉、玫瑰、红花、鲜姜、薄荷等各种中药材,然后将各种口味儿的糖拉成条再切成小块,店前常常围着许多人专听他吆喝,堪称南市一景。还有一个卖药糖的名叫连化清,是串街叫卖。他在卖药糖之前表演车技,或说一段评书,留"扣子"卖糖,然后再解"扣子"。在"三不管",还有一位中年妇女卖药糖。她善讲药糖中每一味药的功能,一边熬糖配料,一边用天津话吹嘘她的药糖百病全治,甚至黎元洪黎大总统每月都买她的药糖,反正也没人跟她较真儿。另外还有串街卖药糖的,有的推小车,车上装着两个小松鼠蹬轮子,车一停,孩子们就围过来,小松鼠能随卖糖人的指挥做各种动作,非常有趣。卖家把药糖做成葫芦形,分黑白两色。此外还有吹笙、吹口琴、吹萨克斯卖药糖的。悠扬的曲调,优美动听。无论谁卖药糖都吆喝"仙人方儿"。为什么呢?

据传,老城里有一娶了媳妇虐待亲娘的儿子,姓李,以熬糖稀做大梨膏为生。老娘从年轻守寡,七十多岁了,咳嗽痰喘,还得给他不时闲地干活儿。有一次,儿媳妇说肚子痛,儿子抓药熬药,给媳妇削鸭梨。老娘在坑上喊饿,他置之不理,没想到锅里熬的糖糊了。他再听老娘咳嗽痰喘地喊,气不打一处来,便把给媳妇削下的梨皮、梨核,吃剩下的药渣子,倒在糖锅里,做成了一锅焦糊的糖疙瘩,扔给老娘。没想到老娘吃了几天糖疙瘩,不饿不渴,身上还有了力气,也不咳嗽痰喘了。邻居有个小伙子姓赵,总是偷着给老太太送点儿吃的。这天,他又来给李家婆婆送东西时,见老人不咳嗽不喘,满面红光。一问才知是吃这个糖疙瘩吃的。他回去以后,请教大夫,试着做了些加了药的糖块。白送给有痰喘、心口疼的左邻右舍吃,都产生了奇效。索性就卖开了药糖,并认了李家婆婆做干娘,把老人接去,直到养老送终。崇尚善良的天津人,认为这是天意,所以在吆喝时唱:"赵家的儿郎李家的妈,孝心的药糖仙人的方儿。"

孝顺是天津民俗民风中最看重的一条,但也出现过不肖子孙。下篇给您讲"现世报儿"的故事。

"现世报儿"斗富

"现世报儿"，是天津人对不成才、没出息的不肖子孙的称谓。"现世"，指今生今世，"报儿"指报应。有时家中老人看孩子在外边丢人现眼，便会说一句："别出去给我'现'去。"或说："这不'现世'吗？简直就是一个'现世报儿'。""现世报儿"是怎么成为热词的呢？

老话说："富不过三代，留钱不如育人。"天津最富的新、老八家就是如此。老八大家是从清初，特别是康乾盛世以来，以盐务起家的富户，在社会上的声势日益显赫。如盐商张霖，发家后在北京和天津都建造了豪华的宅邸和园林。盐商安麓村以积聚的大量财富，收买了许多珍贵的书画，成为大收藏家，并著有《墨缘汇观》。盐商查日乾，在天津城西北建造了著名园林水西庄，乾隆皇帝南巡过津时，曾数次到水西庄饮宴。还有承办盐务的"东门里权家""南斜街高家""只家胡同董家"，从事海运业的"海下高家""东门外韩家"，粮商兼大地主的"杨柳青镇石家"，等等。这些家族在当时已成为社会上公认的八大家了。在各大家族姓氏之前，群众习惯地冠以堂名字号或居住地点，也就是：天成号韩家、益德裕高家、杨柳青石家、土城刘家、正兴德穆家、振德黄家、长源杨家、益照临张家。这八个家族，在咸丰、同治年间财势显荣，处于鼎盛时期，其后有的便开始败落(如益德裕高家)。同时，新的豪富又不断形成，特别是李善人家及"益德王家"，异军突起，声势不在八大家之下。崛起的家族取代了衰落的家族，进入八大家之列，但相沿下来的八大家称谓却仍维持未变。其中明确地去掉哪些家、递补哪些家，说法各异。关于补进的家族，社会比较公认的有：李善人家、益德王家、乡祠卞家、高台阶华家。这样，前后期的八大家就有所不同了。民国以后，社会上又流行有"新八大家"之说，如"元隆孙家""敦庆隆纪家""同益兴范家""瑞兴益金家"等。有的按行业区分，如"钱业八大家""棉布业八大家""电料业八大家"，等等。有的甚至把买办人物也包括了进去。

在新、老八大家中就有不少"富未过三代"就穷得叮当响的实例，而且败还都败在"现世报儿"手中。如新八大家中的阚家，当初富成嘛样呢？天津、北京凡是带"隆"字的绸缎庄，什么"元隆""裕华隆"……都有他家的股份。阚家老掌柜有个少爷，被全家视若掌上明珠，留给他的钱十几辈儿也花不完。为延续家业，老掌柜又亲选领东掌柜打理生意，家里的事也有管家操持，任由阚少爷大洋钱随便花。老掌柜去世后，阚少爷骄生惯养所形成的不服输、呈强好胜的性格逐步显现出来。

有一天，他听说坐落在南市的登瀛楼饭庄来了一位山西阔少摆谱，有几个天津阔少与其斗富败下阵来。他颇为不服："敢在咱地盘儿呈能？会会他去。"到了登瀛楼，他看见山西阔少桌子上只摆着一碟菜，碟子中是指甲盖大小的球儿，阔少往嘴里唰啰一个球便吐在桌子上，不要了。阚少爷便问厨子："这是怎么回事？"厨子说："那个球是新疆和田玉，让我们上浆炸，他吃一下味儿就扔。"阚少爷心想："要不怎么那几个天津的少爷斗不过他呢。"马上说："给我按他的样子炸翡翠球儿，翡翠球儿要跟鹌鹑蛋一样大。"菜端上来，阚少爷只沾一下舌头就扔，然后吩咐跑堂的："赶紧打扫一下，别碍事。"山西阔少一见来了个斗气儿的，便说："你们饭店的筷子太旧了，都给我换成银的，费用我掏。"阚少爷说："你们这碟子太落伍了，都给我换成金的"。"啪！"从口袋里掏出支票摔在桌子上："费用随便填。"然后吩咐跑堂的："把上权仙的姑娘都给我喊来，每人一个金镏子，戴着玩儿去。"那个山西阔少一见，认栽！在看热闹人的一片"嘘"声中溜了。

阔少爷让一群少爷簇拥着都不知道自个儿姓嘛了。后来落个嘛结果呢？没几年，他就把家败光了，在还未满四十岁那年，连冻带饿加上犯烟瘾，死在南市附近一条臭水沟里。由此，天津人将"现世报儿"推至热门词语。

"现世报儿"是天津的土语，在天津的民俗中，还有一个词儿叫"图吉利儿"。嘛意思？咱下篇给您讲。

嘛叫天津人的"图吉利儿"

　　天津的民俗民风,愿意事事"图吉利儿"。婴儿降生一个月,称为"满月",一般都要给婴儿"过满月",祝贺母子平安。这一天,亲戚邻居都前来祝贺,特别是孩子的外婆,要事先准备好各种食品和孩子的衣裤鞋帽,早点儿赶到,看望小外孙和女儿。过去,生活宽裕的家庭,不但要做满月酒款待亲友,还要张灯结彩,请来艺人唱"堂会"。满月礼中,最重要的仪俗要数"剃满月头",也称"落胎发"。胎发受之于父母,所以受到格外重视。在天津的老礼儿中,满月剃头的礼仪要请婴儿的舅舅主持,由祖父抱婴儿坐中央。请来的剃头师傅先将一把嚼烂的茶叶抹在孩子头上,现在看起来很不卫生,而那时说这样能长出像茶树一样浓密的头发,并且不生疮。剃头也不是将头发全部剃光,额头要留一块方方正正的"聪明发",脑后要蓄一绺"撑根发"(称"百岁毛"),而眉毛倒要全部剃光,据说这样日后男孩子能长成浓眉,女孩子能长出秀眉。剃下的胎发,老人用红纸包好,挂在床头,或搓成球形,用红线串好,挂在床头镇邪。后来有人将胎发制成胎毫毛笔,留作纪念。因为人的一生中只有胎发的顶端呈尖针状,所以十分珍贵。

　　"百家衣"是婴儿服的一种,由邻居的一百个家庭拿出的碎布片缝制而成,故名"百家衣"。人们认为,婴儿穿了"百家衣",就有了百家依靠,易养育。当婴儿出生后,孩子的长辈就要向左邻右舍报告喜讯,并向百家求碎布片,特别是要向"刘""程"等姓氏的人家索要碎布片，因为"刘""程"谐音"留""成"，寓意"留住""长成"。布块的大小、花色一般不太讲究，但以蓝色为最好。因"蓝"谐音"拦"，寓意"拦住妖魔鬼怪"。百家布片缝缀成的衣服，不能在胸前开口，要做成偏开口的大襟衫，也叫道袍衫，寓意着孩子今后将多福多寿。老人们做这种衣服往往在底襟处留个口子，待孩子满月后，由孩子的母亲将口子缝住，表明孩子已留在了母亲的身边。

婴儿降生一百天为"百日"，天津给小孩过百岁有穿五毒兜兜的习俗，小兜兜上用彩线绣上蝎子、蜈蚣、壁虎、蛇、癞蛤蟆五种毒虫，再绣上一个小葫芦，葫芦嘴朝向五种毒虫，认为可以避免毒虫的侵害。同时还要戴百家锁，即长命锁。这种锁，也是由家中老人从一百位邻居家要一百个铜子打制而成。天津人讲究这些民俗，但并不愚昧，只是想图个吉利儿。

虽然是图吉利儿，但从积极意义上讲，也有利于邻里和谐。邻居们也都将这些孩子视为己出，双职工的孩子放学、吃饭有邻里照顾，调皮有人呵斥，跟一家人一样。想起来，至今我都留恋我小时候的邻居们。

民俗民风中有天津人的智慧，这种智慧能把当年的乾隆爷都给震了。这是什么故事？咱下篇讲。

聚葛庄与乾隆

聚葛庄在天津市津南区,原名"聚宝庄",为什么改为聚葛庄呢?说起来倍儿哏儿。

当年,乾隆得知天津有个"聚宝庄"后,既纳闷儿又好奇,它聚什么宝?怎么聚宝?这个地名折腾得他一宿没睡:"我微服寻宝。"乾隆带着和坤骑马到了聚宝庄附近,这时,看见一个小孩挑着两只油篓,在田间飞跑。和坤便问:"小孩儿,跑什么?"小孩笑容可掬,说:"我刚卖了点儿油,怕淋雨。"和坤笑了:"这响晴白日哪来的雨啊?"乾隆抬头看了看天,只见日头旁边有几块黑色的云彩,就问:"小油郎,你怎么知道要下雨啊?"小孩儿说:"您怎么连这都不知道?黑猪过河,大雨滂沱!前边不远是我们聚宝庄的瓜棚,赶快去避雨吧!"乾隆问:"你们聚宝庄有什么宝贝?"小孩说:"有!聚宝庄,两件宝,脑瓜灵活心眼儿好,双手勤快干活巧。"乾隆一愣,正说着,阴云密布,他与和坤快马加鞭奔向小孩指的瓜棚。这时雨已经下起来了,他们二人为了体现微服私访,将马拴在瓜棚附近的小树林后步行进瓜棚。这时一个老汉一边给他们让坐,一边说:"二位是从东边来的吧?牲口可别淋着。""啊?"他怎么能知道我们从东边过来?而且在瓜棚绝对看不见我们的马呀?乾隆纳闷儿了,说:"您怎么知道我们从东边来?还知道骑着马?"老汉说:"瓜棚门前是东西向,外面刮的是西北风,你们前身湿了,后边儿没淋着,这不是从东边来的吗?!再有我这门前是一片砖地,远处是泥路,您脚底下没泥,一定是骑马来的,这有脑子的人都能想到。"乾隆心想:"闹了半天我没脑子。"老汉说:"我给你们那两匹马盖上点儿去。""等等,"那个卖油的小孩儿跑了进来,"爷爷,渴死我了,给我挑个西瓜,要红瓤儿的。"老头顺手挑了两个说:"给你这个红瓤儿的,另一个是黄瓤儿的,给这两位客官。"他们分头打开,还真是一个红瓤儿一个黄瓤儿,这又让乾隆称奇。老汉出去盖牲口,小油郎掏出十个大子儿,放到桌上。老汉回来问:"这是谁的钱?"乾隆想考验一下老汉,说:"我的!"小孩急了,乾隆说:"老大爷,我想请您断一下,断对了,我赏两个元宝。"老汉顺手将十枚铜钱扔进旁边滚开的水壶里,然后说:"这钱是小孩儿的。"乾隆问:"为什么?"老汉说:"您看这水上飘的油花,您怀中能揣这么油的钱吗?"乾隆赶紧掏出两个元宝,说:"唉,这不但是聚宝庄,还是名副其实的聚葛庄!把诸葛亮都聚这来了……"从此聚宝庄便改为聚葛庄。

您知道聚葛庄名字的来源了,但您知道鼓楼的名字是怎么来的吗?咱下篇讲。

鼓楼的名字是怎么来的？

作为天津人，您知道"天津卫，三宗宝，鼓楼、炮台、铃铛阁"吗？这三宗宝指的是嘛？尤其是鼓楼的名字是怎么来的？鼓楼究竟有鼓吗？

这里所说的"炮台"，不是现存的大沽炮台，而是明代中叶在天津城池外建的七座炮台，当时即有"七台环向"之景观。在清道光年间，又修建了坐落于三岔河口东岸的著名的水师营炮台。1900年八国联军攻占天津后，强令拆除了这座炮台和城池外的七座炮台——北塘的六座炮台，芦台镇的一座炮台。

铃铛阁原为天津城西文昌宫的藏书楼，民国初年毁于火灾。原址在现南开区铃铛阁中学所在地。

鼓楼，在旧天津城池的中心，解放后拆除，2002年天津市政府又在原址重建。《津门杂记》（清·张焘撰，天津古籍出版社1986年11月翻印出版）曾对拆迁的鼓楼有所描述："楼居城中央，高三层，四面穿心，通四大街。砖穴最古。上悬大钟，晨昏各撞一百八杵，城门早晚启闭以钟鸣为准。历有年所，声闻十余里，可预卜晴晦风雨。"这里描写的是鼓楼"上悬大钟"，既然是悬钟，为什么叫"鼓楼"？在悬钟之前，是否有鼓呢？

告诉您，天津建卫在盖城墙时，就开始在城中间建鼓楼。鼓楼、鼓楼，首先想到的就是应该有鼓。于是便请来了在北门里居住的制鼓大王董师傅，大家都知道，北京鼓楼的鼓，就是董师傅做的。为图

80

吉利,限其用九十九天制成一丈高、一间房子那么大的"天下第一鼓"。鼓圈好办,可是去哪弄这么大的鼓皮呢?没有这么大的牛啊?眼看九十九天已到,鼓圈做好了,鼓皮还没有着落。当董师傅与徒弟们愁得吃不下饭睡不好觉的时候。"天佑津卫",有人说在小稍直口村南的八王墓里,钻出一条大蟒,脑袋比

牛头还大,腰比缸粗,身长有五百多米,伤了不少牲畜。董师傅带着徒弟们连夜进村,并听说刚才有一百多个持刀的官兵,没敢动手,全吓跑了。董师傅立即招呼乡亲们,说:"大家齐心协力,照我的法子办。"准备妥当,董师傅与徒弟们开始擂鼓耍红绸子,大蟒为了追上红绸,很快就伸展开那盘曲的身子。乡亲们这时用芒硝、粗盐和黄米粉配成的糨糊糊,纷纷地泼向大蟒。瞬间蟒的眼就被烧瞎了,鳞被烧掉了,浑身上下都冒着热气,像开锅一样,接着,慢慢地瘫软了。董师傅拿起杀猪刀,把它肚子划开,把这条大蟒的皮剥下来,蟒皮已经被芒硝、大盐和黄米粉烧成了熟皮子,足够做鼓楼这个大鼓的鼓面。董师傅和他的徒弟们,用这张蟒皮蒙成的大鼓,在鼓楼上一敲,整个天津卫的人都能听到那滚雷般的声音。从此天津卫风调

雨顺,老百姓安居乐业,这就是鼓楼名字的来源。

天津不仅文物古迹多,而且天津人的语言诙谐幽默,可是您知道怎么理解天津人的"哏儿"吗?下篇给您讲。

津门艺人戏乾隆

　　天津人说话"哏儿"，甚至有人称天津为"哏都"。可是您知道这个"哏儿"的内涵是嘛吗？这个"哏儿"，绝不仅仅是幽默、逗乐儿，更不是"要活宝"，而是充满了豪爽、修养、机敏和智慧，连当年的乾隆爷都佩服得五体投地。

　　有一年，乾隆到蓟州盘山，恰巧津门唱数来宝的著名艺人"人人乐"也在蓟州卖唱。乾隆久闻天津人"哏儿"，也想亲自见识见识。便问刘墉："刘爱卿，都说天津人'哏儿'，朕也想一睹真容。"这时刘墉进言："'人人乐'身怀绝艺，表演诙谐，能使龙颜大悦。"随即喊"人人乐"为乾隆表演。"人人乐"唱了两段数来宝和莲花落之后，乾隆哈哈大笑，但还是不甚满意，觉得这些都是编好了的词。"不行！我得临时出题难为难为他。"乾隆一抬头，迎面有一尊大肚子弥勒佛正冲着他们咧着嘴笑。乾隆眼珠一转，看了一眼"人人乐"，然后用手一指大肚弥勒佛说："'人人乐'，都说你语言丰富、多知多懂，朕问你，此佛为何见朕微笑？"这不是废话吗！佛像就是这样塑的，见谁也是这个样子！怎么办呢？如果照实回答，乾隆会说："我一个皇上连这个常识都没有？"打他一个"戏弄皇上"，非杀即剐。"人人乐"脑子快，马上说："这是佛见佛笑。万岁是文殊菩萨转世，乃当今活佛，他见您笑，这不是佛见佛笑吗！"乾隆听了心里美，可他绝不是好糊弄的，马上又问："'人人乐'，那佛看你也笑，又是为何呢？"这话问得厉害，"人人乐"听后一怔，但他太聪明了，说："万岁，佛见我笑,是笑我不能成佛。"乾隆听后哈哈大笑,用手指着"人人乐",学着天津话说:"哏儿,哏儿中有机智,名不虚传!"

"人人乐"谢恩领赏,来到门外将所得银两尽数分给同行。大约有一袋烟的工夫,他碰见一个刚才见过的差人,顺口问道:"老头子走了吗?"没想到,他一扭头正碰见迎面走来的乾隆,乾隆也听见了管他叫"老头子"。这还了得,脸立时摺下来说:"'人人乐',你称朕为'老头子'是何道理?"随从的大臣们听了这话,都为"人人乐"捏了一把汗。"人人乐"赶紧跪地叩头,说:"万岁息怒,'老头子'三字实属尊称。""为什么?""万岁您想啊,世上的人都称圣上为万岁,这不就是'老'吗?圣上为万人之首,这不就是'头'吗?圣上为天子,这不就是'子'吗?这三个字除了万岁您,世上没一个人敢享用啊!"随从大臣们听了这话,都松了一口气。乾隆听了也转怒为喜,说:"天津人名副其实就是哏儿啊!"至此,"老头子"一词也在咱天津叫响了!

天津人哏儿,天津的艺人也破了不少江湖旧俗。下篇给您讲张寿臣与刘文斌的哏儿事。

相声界的江湖道儿

您知道为什么说"天津是相声发祥地"吗？这句话是怎么来的呢？

清末发源于北京的相声,在光绪三十二年(1906年),被以"谤圣毁贤"之名轰出北京。天津的老少爷们儿接纳了他们,认为"相声不仅哏儿,而且反映穷苦大众的心声"。然后是咱天津第一次将以"撂地"为生的相声请进戏院——"燕乐昇平"(解放后改为红旗戏院),继而又将相声作为压场节目"攒底"。尤其是第三代相声演员李德钖("万人迷")及马三立的父亲马德禄、郭荣起的父亲郭瑞林等一大批"德"字辈的演员相继到了天津,使相声获得重生和发展。

同时还有一个原因,是相声演员受天津人豪爽、仗义的民俗民风影响,建立起了一套完整、严格的行风、规矩和从艺为人之道。从第三代相声演员开始,"掌门人"基本都是诞生在天津。那时外地说相声的到天津"卖艺",遇到困难,找到"掌门人"用"春典"(即行话)报出自己的"门户","掌门人"即让天津"撂地"的艺人为其腾出最好的场子,病了为他掏钱治病,临走无盘缠为他凑路费;如果是天津艺人出门"走穴",四人同行,其中一人生病,大家为他掏钱看病、凑路费并送其回津,在外地赚的钱回津后仍然四个人分。无子女的艺人晚年不能演出,由徒弟赡养。有困难的,由"掌门人"组织义演。当然,由于严格的门户规矩,没有拜过师的绝对不允许"撂地"卖艺。遇到这种情况他们怎么处理呢?

　　著名京东大鼓创始人刘文斌，二十八岁那年由老家宝坻来到天津卫，在大沽路小营市场"撂地"卖艺。周围的艺人发现他没有门户，便告到"掌门"张寿臣那儿。张寿臣来到小营市场，见刘文斌正要唱，便拿出一块白毛巾，把他的鼓给蒙上了。然后用"春典"盘道，刘文斌听不懂。张寿臣说："您没有门户，不能专业唱。"刘文斌具有农民的耿直和不服输的性格，说："我得赚钱吃饭，你能把我咋地？"张寿臣说："想唱也行，那得把您大褂、袖子剪一块下去。才能唱。"刘文斌气愤地撕下大褂袖子接着唱。这一唱，了不得啦！张寿臣转怒为喜："太好啦！你唱的这是什么大鼓？""没名，是我自己创作的。"于是张寿臣首破江湖之规，与刘文斌以兄弟相称。并引见、操持刘文斌与白派京韵大鼓艺人白云鹏、西河大鼓艺人张起荣、评书艺人陈荣启几个"大蔓儿"结为把兄弟，压住了同行的非议。这时刘文斌为了门户，也在老家认了一个从未教过他的师父。张寿臣便推荐他进天津"小梨园"等名园，然后问他："您这个大鼓得有个名啊？"刘文斌说："我是京东人，叫'京东大鼓'行吗？""好！"从此曲艺界便诞生了一个曲种——京东大鼓。1954年刘文斌又收了入室弟子董湘昆，使这一曲种由津门唱响全国。

　　相声界的江湖道儿得益于天津人的仗义豪爽，同时也得益于天津人的幽默和"哏儿"。那么，天津人的"哏儿"有什么特点呢？咱下篇讲。

马三立在愤怒中的"哏儿"

　　天津人的"哏儿"有一个特点,就是在困难、挫折、甚至是在天灾人祸面前都能用幽默的方式进行排解。"天蹋下来,有大个儿顶着",这句天津人常挂在嘴边的话,充分说明咱的"哏儿"是以胸怀、境界为基础的。马三立就是咱天津人"哏儿"的典型代表。

　　1970年,马三立全家被下放到津南区北闸口务农,长子马志明虽患有腰疾但也得参加劳动,小儿子马志良十六岁就被勒令挖河挣工分,他本人还得受监督挨批判。当朋友见面时问他:"怎么样啊?"怎么回答?说"不好、委屈",肯定遭批判;说"好",又违心。可还不能不回答,马三立高明,他说:"哦,我呀……嗯,昨天还有人敲门呢!半夜了,问:'马三立在家吗?'我赶紧说:'在家,什么事儿?''你从现在起不许出门。'我也不问,后来我才知道,为什么不让我出门呢?因为西哈努克亲王要路过我们村附近的公路,那个公路离我还老远的呢……他们怕我放定时炸弹。你说我炸他干嘛呀?!再说我也没地方弄定时炸弹去,即便有定时炸弹我也不会鼓捣啊?弄不好,我再把自己炸了……"这个幽默的回答,把大家都逗乐了,并佩服他在逆境中的境界和回答问题的"哏儿"。

　　粉碎"四人帮"之后,落实了党对知识分子的政策,马三立进了"天津市艺术咨询委员会",享受终生不退休待遇。那时有一条规定,"高知"可以在干部俱乐部看内部电影,实际上就是还未公映的外国片。有一天,他到团里上班,碰见一位后勤人员向他要票,该人在马三立蹲"牛棚"时曾打过他一记耳光,为什么呢?马三立为锻炼身体练"磕牙",他竟然诬蔑他"咬牙切齿"。落实政策后,马老从未和他计较,认为他没文化,一个字都不认识,计较他干嘛?!所以见面仍然以"师傅"称呼他。这次他要票,马老问:"要什么票?"没想到,这个人对马三立连讽刺带挖苦。说:"你现在行啦!还经常看不花钱的内部电影,你要看腻了,给我也来张票,开开眼。""开眼?你看什么电影?""就是那外国光屁股的。"这时的马三立心中愤怒到极点,说:"光屁股的?没有!""糊弄谁呀?都说有。"从来没有和任何人动过怒的马三立说:"好!想看光屁股的,给你!"马三立随手掏出一张票,然后还前后看看有人没人,偷偷塞到他手里,说:"悄悄的,进了干部俱乐部,一直走,然后……""我懂,别看我不认识字儿,一亮票,人家就告诉我进哪个门啦!""好!好!"

第二天,马三立一上班,看见要票的那个人在传达室正运气呢,便迎着他问:"怎么样?去了吗?""去了!""看见光屁股的了吧?""能不光着吗?你给了我一张洗澡票!"把周围的人乐得全蹲地上了。后来,马老还把这段故事编了个小段。

天津人为嘛喜欢相声

您知道天津人为嘛喜欢相声吗？为嘛全国的相声演员都说"天津的观众最懂相声"？！这其中最重要的一条，就是天津的老少爷们儿欣赏相声绝不是为了单纯"找乐儿"去的。用咱天津话说"得有个听头"，也就是要在哈哈大笑中享受艺术的真谛、领悟人生哲理、风土人情、世间百态。笑后有回味、有感知。用马三立的话说："笑是手段，不是目的，笑是为朔造人物服务的。"天津人喜欢相声，认为相声这门艺术能"针砭时弊"。

我曾写过一篇文章，阐述了在舞台上第一个揭露"相面算卦"骗术的是相声，即 20 世纪 20 年代阎德山在天津创作、首演于"宝和轩"的《丢驴吃药》及张寿臣创作的《大相面》。至于揭露"江湖骗子""迷信""跳大神"、讽刺不肖子孙的节目更是数不胜数。

为什么当年"小蘑菇"常宝堃在 20 世纪三四十代能独占相声界头牌？最重要的就是他的作品能反映老百姓的心声。那时的法国桥（今解放桥）乱收费，他创作了《打桥票》；敌伪时期物价飞涨民不聊生，他创作了《牙粉袋》；天津沦陷、日本人在天津烧杀抢掠，他在"庆云戏院"（解放后改为共和戏院）演出时说："今天我在马路上看见一条广告，上写'本日大卖出'，我给念反了，成了'出卖大日本'了。"由于他多次在台上讽刺日本人、汉奸，两次被捕却没有屈服，天津的老少爷们儿越来越喜欢他。

当年，天津有两个"相声大本营"——"三不管"的"连兴书场"

和河北鸟市的"声远茶社"。在"连兴书场"，穆祥林创作了讽刺汉奸的《大巴沟》；在"声远茶社"，刘奎珍借古讽今，创作了讽刺汉奸的《乾隆与刘墉》等。艺人们充满正气，所以天津的观众捧他们，爱他们。

尤其是张寿臣，他于1940年在台上说："小日本长不了。日本天皇的年号就不是好兆。为什么？您琢磨呀，日本天皇的年号是'昭和'。'昭'字怎么写？左边是个'日'，右边呢？上边是个'刀'，下边是个'口'。什么意思？小日本躺在刀口上了，它能活几天哪！"没有拐弯抹角，他就在日本鬼子的眼皮子底下使了这个"包袱儿"，结果被关进大牢，被打得遍体鳞伤，他没有屈服。当时他的师弟常连安给特务送了重金，才把他救出来。半年后，他身体刚刚恢复，上台后仍然慷慨激昂地在"小梨园"说："我们的国家到了危机存亡的时候，要的就是吉鸿昌将军这样的英雄。他察北（1928年，民国政府成立察哈尔省，省会张家口，察北即察哈尔北部，包括张北、康保、尚义、沽源和锡林郭勒盟）抗日，收复多伦，杀得小日本胆战心惊，可是那个'大人物'，还要想方设法地消灭这些抗日的英雄……"没想到，那天吉鸿昌正在台下，事后冒死宴请张寿臣，劝他"要保护自己"。而张寿臣说："我是相声艺人，就应该讲老百姓想讲的话。"这就是我们天津人喜欢相声的原因。

除了相声，评剧也诞生于天津，咱下篇给您讲。

评剧是怎么诞生的？

评剧的诞生地为何处？翻开辞书、打开网络,映入眼帘的是"唐山",再搜索《滦县县志》,上写"评剧诞生地是滦县"。是这么回事吗？天津的民风是"不抬杠",在某些事情面前,若有人说"这是我们的",天津人往往会说一句:"事实在那摆着,咱不'矫情',有功夫背后练能耐去!"可是随着时间的推移,往往"谎言"也成为现实。日前,我见到几位评剧演员,就连他们都说"评剧的发源地是唐山"。于是我便产生了要商榷此事的动议。

我在回忆幼小学艺时听闻老先生讲述的基础上,查阅了有关资料。我认为天津才是评剧的诞生地。《滦县县志》说他们那儿是评剧诞生地,无非是评剧鼻祖成兆才诞生在滦县绳家庄;唐山说他们是评剧的诞生地,无非是评剧的前身是"落子",即"莲花落"。即便是产生于清末的"落子",也不完全诞生在唐山。

当年,"落子"分东路和西路:东路是指形成于唐山以及唐山东部附近诸县的莲花落;西路是指产生在宝坻、蓟县以及三河、通州一带的莲花落。但在光绪二十七年(1901年),地方当局认为莲花落"有伤风化",禁演莲花落;光绪三十四年(1908年),驻天津的直隶总督杨士骧重申前令,再次禁演莲花落,并责令包括唐山在内的大小城镇不许演出莲花落子。宣统元年(1909年)春,莲花落艺人成兆才、月明珠等人流落到汉沽。以打竹板、唱喜歌的形式沿街乞讨,夜晚在汉沽崔姓家庙歇脚。不久,宁河寨上(今属汉沽)灶首(晒盐灶户的首脑)张景会让他们到张家祠堂演出,并出资置办戏箱。于是成兆才、月明珠、任善庆、张化文、任连会、张德礼等人组成了著名的"庆春班",吸收河北梆子、皮簧的唱腔、锣鼓、化装及表演程式,使莲花落这一曲种完全戏曲化。更为可贵的是,他们抛弃"伤风败俗"的唱词,写出反映穷苦百姓的第一批戏剧本子《开店》《花为媒》《占花魁》等。在汉沽得到广大盐民和渔民的支持和喜爱。此时在汉沽不叫莲花落,也还未起名为评剧,而是叫"京东庆春平腔梆子戏班"。民国二年至民国六年,该班先后在天津晏乐、东天仙、马鬼子楼等茶园演出《斩窦娥》《劝爱宝》《杜十娘》《王少安赶船》《花为媒》《回杯记》等一批新戏。尤其是旦角月明珠的演唱,被称为"月明珠调儿",在津风靡一时。那么,何时改为"评剧"称谓的呢?

网上说:1934年白玉霜在上海拍电影《海棠花》,将其改为"评剧",这更是无稽之谈。

民国十二年(1923年),前清遗老吕海寰到河东晏乐茶园看演出,对演员们说:"你们的戏有评古论今之意,应在平字旁边加个言字,叫评戏,比叫落子或平腔梆子好!"从此,评剧成为在天津诞生的、仅次于京剧的第二大剧种。

商榷完评剧诞生地,下篇咱谈京剧"四大名旦"来源之谬传。

"四大名旦"来源之谬传

京剧"四大名旦"梅兰芳、尚小云、程砚秋、荀慧生,是谁先提出来的?翻开各种志书,均说是北京评的。我认为这是谬传,"四大名旦"是咱天津人提出来的。其本来面貌是怎么回事呢?

"四大名旦"是北京评出来的说法是:"1927 年,北京《顺天时报》举行全国首届旦角名伶评选活动。以投票方式选举自己心目中的名伶,结果以得票数多少而定。经过一番角逐较量,梅兰芳以一出《太真外传》,尚小云以一出《摩登伽女》,程砚秋以一出《红拂传》,荀慧生以一出《丹青引》获得前四名,被称为中国四大名旦。"事实是这样吗?翻开《顺天时报》1927 年 6 月 20 日第五版,对这次投票活动的全称是这样写的:"举行征集'五大名伶'新剧夺魁投票活动。"也就是说,投票活动主要针对的是"五大名伶"的新剧,并不涉及评选"名旦"。这"五大名伶"是:梅兰芳、程砚秋、尚小云、荀慧生、徐碧云。更准确地说:活动规则是要求投票者从五个人所演新剧中评选出每个人最好的一出戏。7 月 23 日,《顺天时报》揭晓"五大名伶"各自的最佳剧目:"梅兰芳的《太真外传》,得票一千七百七十四票;程砚秋的《红拂传》,得票四千七百八十五票;尚小云的《摩登伽女》,得票六千六百二十八票;荀慧生的《丹青引》,得票一千二百五十四票;徐碧云的《绿珠》,得票一千七百零九票。"根本未提到"五大名旦"或"四大名旦"。那么天津是什么时间、由谁、在何处提出"四大名旦"的呢?

在早于《顺天时报》的 1921 年,由沙大风以自己的笔名"大风"在天津所创办的《大风报》创刊号上首先提出"四大名旦"。俗话说"千年文字能说话",为什么还有"谬传"呢?主要原因是现在无法找到这份《大风报》的创刊号。查天津市图书馆资料,仅珍藏了 1931年 2 月至 1939 年 2 月的《大风报》。但老一代戏曲家对此事的口口相传是抹杀不掉的。当时沙大风极有声望,是他发现刘云若、还珠楼主的才华,并首先连载他们的通俗小说,树立了两位流芳百世的大家。而他与戏曲界的交往更深,"四大名旦"在天津发祥,并多以沙大风所主办的《天风报》《大风报》《北洋画报》做宣传。据沙大风的儿子沙临岳说:沙大风对自己提出"四大名旦"的过程,颇为得意,曾刻有一枚印章——"四大名旦是我封"。上海文史馆馆员薛耕莘曾在《上海文史》上撰文,称梅兰芳曾亲口对他说"四大名旦"是沙大风所提。宁波的学者陈崇禄则说他曾经见过沙大风的"四大名旦是我封"的印章。另外,那份由日本人所办的《顺天时报》根本无法与《大风报》相比。所以我说"四大名旦"是天津提出来的。

重阳节快到啦!咱下篇讲讲天津人过重阳节讲究嘛。

天津人的重阳节讲究嘛？

天津人除了春节和中秋节之外,最重视两个节,即清明节和重阳节。一个迎春,一个辞秋,都是大自然盛衰掭转的节点,也是天津的老少爷们儿对生死、盛衰的感悟和联想,因而最富有生命意识和哲理。清明是为了纪念已故先贤,提醒人们"不能忘记祖宗";重阳的重点,是如何对待人老和老人,讲究的是"老人高寿是福分"。尤其是天津民俗崇尚"九","九"与"久"为同音,意味着"长久"、高寿。九月九日,月日开阳,两阳相重,两九相叠,故名"重阳"。而且,天津的老太太小媳妇,信奉天后宫的"娘娘",传说"娘娘"也是在九月九日升天成仙的。那么,天津人的重阳节讲究什么呢?

首先,重阳节又叫登高节,登高是为了消祸避灾。这是这项民俗最初的内核,随着文明的发展,避邪避灾的色彩逐渐淡化,求愉悦和祈增寿的主题越来突出。天津市区离山太远,有条件的可以出游登高,可更多的家庭怎么办呢?天津的老少爷们儿有智慧。以"糕"象征着"高",在这一天,儿女们为了企盼家中老人高龄高寿,纷纷送上老人喜欢的"芙蓉糕""喇嘛糕""桂花糕""菊花糕"等各式"花糕",作为登高的心理替代。

其次,赏菊、簪菊、食菊、咏菊,是津门重阳节的一大景观。悠闲的老人或东篱采菊,或浅酌对菊,安享"黄菊清樽更晚晖"的乐趣。亲友互赠菊花、菊茶、菊酒,祝贺人如秋菊老当益壮。在这个节日,天津的"花把式"各显绝艺,办菊展、菊会,他们能把数百盆菊花叠架起来,花团锦簇,看过去好像一座菊山一样,什么"九花儿山子""九花儿塔",争奇斗艳。据说,天津卫的"花把式"培养出的菊花品种就已达千余种。

再有,就是在重阳节这一天,儿子儿媳要嘱咐未成年的子女为奶奶搓搓手、梳梳头,为爷爷献上一杯茶,嘴里念着吉祥话。有文化的家庭,爷爷还要掏出准备好的"九宫格",让读书的孩子在"九宫格"中写九个字,每个字的笔画都必须是九画。孩子们为让老人高兴,事先都准备好了吉祥话,以讨奖励和哄老人高兴。

天津人过重阳节的核心突出的就是一个孝,这是我们中华民族的传统美德。毋庸讳言,我非常反感近年来由商家和网络炒作的将西方的父亲节,当作中国的父亲节。

过好我们自己的传统节日,承担起延续中华文化记忆的重任,把中华民族孝亲敬老的优良传统发扬光大,这就是我们的重阳节。

天津有许多令天津人引以为傲的事情,下篇咱讲河北梆子是否诞生在河北。

河北梆子是否诞生在河北？

天津人受码头文化的影响，讲究"一招鲜，吃遍天""不矫情、不图虚名，看本事"。这种民俗民风固然可贵，但也让许多诞生在天津的绝艺、绝技、名人都抢先让别人注册或认领了。这事您老若不信，您翻开《辞海》第 2900 页看看，就把出生在"天津地藏庵"的李叔同，写为"浙江平湖人"。天津的学者和李叔同家族的后人都知道，李叔同往上倒多少辈都跟"平湖"不挨着，可是人家就抢先建立了"李叔同故居纪念馆"吸引游客。所以我今天再就河北梆子是否诞生在河北提出商榷。人们普遍认为："河北梆子，不是河北的是哪的？"但您考虑下列情况了吗？

河北梆子脱胎于秦腔，曾被称为"梆子""直隶梆子""卫梆子"。天津对这个剧种的形成与发展，较之其他地方剧种，有着更为明显的影响和作用。这不仅是因为这个剧种和演员是在天津唱红的，更重要的、起决定作用的是：这个剧种在长期演出实践中，逐渐形成了一个以天津演员为代表的"直隶新派"，又叫"卫梆子派"。"直隶新派"的崛起，彻底改变了这个剧种的艺术风格，唱念做打，尤其是唱念的语音与原来的秦腔截然不同，完全可以说，直隶新派是这个剧种的奠基者，今天流行的河北梆子的正宗是直隶新派。追溯历史，当年梆子有直隶派、山陕派、直隶新派之分。这三大艺术流派是这个剧种三个不同发展阶段的产物，后来直隶新派取代了直隶派和山陕派，所以人们公认其为"卫梆子"。

那么,"河北梆子"之名是怎么来的呢?1952年7月在北京举行了第一届全国戏曲会演。当时,天津的演员为了区别与各地"梆子"的不同,便起了个"河北梆子"之名,并大获全胜。银达子获荣誉演员奖,韩俊卿获一等奖,金宝环获二等奖,胡满堂获三等奖。叫响了"河北梆子"这个名称。

另外,这个剧种之所以能在天津发展,是天津人的"义"字充分体现在梆子演员们身上,我仅举一例:

1947年,已经在剧坛声名显赫的"银达子"和"金刚钻"共同搭班于中华茶园。那时的"金刚钻"已近五十岁,体弱多病,为了糊口不得不坚持演出,并且经常贴出重头戏。"银达子"对她关心备至,"金刚钻"演《捡柴》他就主动配演老旦。1948年春季的一天,"金刚钻"带病演出,昏倒在台上,因无钱交医药费,医院拒绝抢救,于4月10日惨然去世。"银达子"悲痛欲绝,他见其家无钱发送,在演出中,身穿孝服跪在中华茶园舞台上,为"金刚钻"募化棺木,后又与同仁料理丧事。"银达子"这种"义",是河北梆子这支队伍及剧种得以立足、发展之魂。

天津人的"义",在戏曲曲艺界留下许多佳话。咱下篇讲天津人教侯宝林《关公战秦琼》的故事。

《关公战秦琼》是天津人教给侯宝林的

　　《关公战秦琼》是侯宝林的代表作，不但广大观众喜欢，就连毛主席都爱听。毛主席健在时，共听了侯宝林一百五十多段相声，这些段子都是不重复的。唯独《关公战秦琼》，在侯宝林说完之后，主席意犹未尽地笑着说："再说一次！"由此可以证明，毛主席最喜爱这个段子。但是这个节目是谁创作的呢？我看了一些文章，大都认为是侯宝林创作的，实际上这个节目是咱天津人创作的。这个人是谁？他是怎么创作的？侯宝林怎么向他学的呢？

　　此人叫张杰尧，艺名"张傻子"。1893 年生于天津，现在很少有人知道其人其艺了。但他在相声发展史上是一个举足轻重、非常了不起的人物，也是咱天津的骄傲。张杰尧是汉军旗人。先辈世代为官，后家业衰落，从他父亲张武林起，就成了戏法、评书艺人。"张傻子"幼年读过私塾，1903 年十岁时，进入天津一个梆子戏班学戏，后改说相声，师从高闻元，是相声界公认的第三代、即"德字辈"的演员。他的能耐有多大呢？仅从相声演员掌握的节目说，现在的年轻演员，通过一段时间的学习，掌握个十段八段的相声就可以在"茶馆"或"专业剧团"谋生了。再老一点儿的演员能会五六十段就了不起啦！可张杰尧一生中说过四百二十九段相声，这还是有资料记载的。其中对口相声三百八十七段，三人相声十五段，中长篇单口相声二十七段，而且许多作品是他创作或整理的。现在很多茶馆相声在演出中,往往会出现演员在台上说,观众在台下"刨活"的现象,就是演员会的太少了。由于张杰尧有文化,在1937年他还用"老玄坛"的笔名编写了《笑海》一书,由北平中国稽语促进社出版。在这部书中有一则二百八十九个字的小笑话,就是张杰尧创作《关公战秦琼》的原始素材。当时张杰尧说的是张宗昌,侯宝林表演时,认为没多少人知道张宗昌了,便改为山东省长韩复榘的父亲。那么,侯宝林是怎么向张杰尧学习的呢?

1961年,已经六十八岁的张杰尧,应北京市曲艺团的邀请,从他定居的西安到北京传授节目和技艺。侯宝林听说后,将他接到中央人民广播电台虚心求教,并由自己和刘宝瑞分别为张杰尧"捧哏",录制了《关公战秦琼》的原始版及《张飞打严嵩》《罗成戏貂蝉》《酒诗》等八段节目。然后侯宝林根据自己的特点,加工整理了《关公战秦琼》。当年,毛主席听完《关公战秦琼》,要求再看一遍的情况,侯宝林及时告诉了远在西安的张杰尧。并将自己在广播电台录制的《关公战秦琼》的稿费,分文不留,全部寄给了张杰尧。

那么,张杰尧还有什么能耐呢?下篇给您讲天津人"哏儿"中的骨气。

天津人"哏儿"中的骨气

天津人的哏儿，与地域环境、码头文化息息相关。如有人做事"不够板"，天津人会斥责他说："你是个爷们儿吗？""爷们儿"的含义首先是"仗义"，为朋友"两肋插刀"。在这样的骨气中，还透着天津人独有的幽默和令人捧腹的哏儿。

咱上期讲到1893年生于天津的相声界"德字辈"的艺人张杰尧(艺名张傻子)，将自己创作的《关公战秦琼》毫无条件地传给侯宝林。同时，在1928年还将自己的《闹公堂》传给常宝堃(艺名"小蘑菇")，并由常宝堃灌制唱片。在相声界，是不能轻易将自己创作的"玩意儿"送给别人的。而张杰尧具有天津人的"仗义"，谁要他的东西他都给。所以常宝堃还向他学习了《五方元音》《七不贤》，冯子玉向他学习了《五行诗》。这些传世精品，许多人都不知道是由天津的张杰尧原创的。

20世纪30年代初，张杰尧与高德明、绪德贵、汤金城、戴少甫被称为"笑林五杰"，而最受欢迎的就是张杰尧。有一次，他穿一身笔挺的西服到涛贝勒府去演出。刚上台，涛贝勒便蔑视地问："傻子，今儿穿的这是什么衣裳呀？"张杰尧是个有骨气的艺人，绝不容别人小瞧，说："这叫西服，您不认识啊？"涛贝勒本来想嘲笑他，没想到让他当着众人这一反问，竟不知道怎么回答了。如他说认识，张傻子准说：认识还问我？如说不认识，那我还不如一个作艺的了！正当他不知怎么说时，旁边有位皇亲插话了："放肆！好好伺候爷。"

张傻子一看,这位多嘴的只长了一只眼,便旁敲侧击挖苦他:"您别见怪,我们艺人没什么学问,也就能说点儿张家长、李家短,三只蛤蟆、五只眼……"这是传统段子《猜灯谜》的一个谜面,为什么"三只蛤蟆,五只眼"呢?因为有只蛤蟆是独眼儿。艺人们都给逗乐了,这位皇亲也明白,"仨蛤蟆,五只眼",这不是说我是少一只眼的蛤蟆吗?要想发怒,可今儿是贝勒爷喜庆的日子,不能扫兴呀……这个"包袱儿"把贝勒爷也逗乐了,说:"傻子该罚。这样吧!你再说一段,爷有赏。"张傻子又说了一段,涛贝勒笑着说:"好!赏你四个小菜。你再说段儿嘴皮子利索的。"刚才那位皇亲当着涛贝勒的面没再说什么,可是暗中,他往张的菜里放了一只掐了翅膀的马蜂,马蜂一下子把张傻子的舌头给蜇肿了!吃完饭,张傻子一上台就说:"爷,您今儿个听不着口齿利落的相声了。您赏的菜里藏着个马蜂,把我舌头给蜇肿啦!"说罢扭头又对众人讲:"我只是一个说相声的,凡是听我们这玩意儿的就都得睁一只眼闭一只眼。"得!凡听他相声的都成一只眼儿啦!在场的太太小姐们看着那个独眼人的窘态,还都傻笑个没完呢。

张傻子有骨气,当年他曾同骆玉笙的父亲骆彩舞搭档,咱下期讲骆玉笙的哏儿事。

骆玉笙的哏儿

　　天津人管"大腕儿"不叫"大腕儿",叫"角儿"。捧角儿、爱角儿,是津门民风中的一大特色。"骆派"京韵大鼓大师骆玉笙于 2002 年故去,但津门的老少爷们儿仍在怀念这位"角儿"。这位"角儿",一生乐观向上,哏儿趣不断。但也有鲜为人知的哏儿中的苦涩。

　　有一次,我问老太太,:"您最大的特点是什么?"老太太幽默地说:"勤、奇、输、话。"我说:"对!您琴、棋、书、画占全了。"她说:"不!我这个四个字是谐音,'勤'是一生都要勤奋!"我当时想:她的勤奋真是前无古人,八十四岁还唱《虎年唱虎》,八十五岁唱《不老松》;"奇":她是传奇人物,但更为"奇"的是,一般演员老了,嗓子、气力都不行了,可她八十岁以后上台竟长了一个调门;"输":是一辈子打牌没赢过;"话":是爱"砸挂""抖包袱儿"。可这么聪明的老太太在"文革"时期,竟被折腾得经常闹笑话。有一次,她带孩子们去代号为"六四一"(即大港油田)"的地方去慰问演出,有人问她:"上哪演出去?"她顺口说:"去慰问'五一六'。""啊?'五一六'是反动组织!"结果是又"请罪"又挨批。她"戴罪"教学,在黑板上写唱词,最末有一个惊叹号,她竟把点儿点在了上面,成了"i"。

　　有一次,她去北京开会,住在宣武门外招待所,她的好友打电话请她吃饭,老太太说:"不用接,我坐公交车去。"对方说:"行!您坐三站地,在缸瓦市下,我在车站等您。""好!"她上了公交车,售票员问:"您到哪儿呀?""我呀!去瓦岗寨。""啊?瓦岗寨?"车上的人全乐了！她马上醒悟了！赶紧说："不！是日内瓦！""您拿汽车当飞机了？"那个售票员明白了，说："老太太，您是去缸瓦市吧？""对！对！缸瓦市。我不找程咬金去！"她还"翻包袱儿"！回到天津后，北京来了一位客人，要到老城厢找一个"郭家胡同"。老太太说："好！我领你去！"她的徒弟刘春爱陪着。到了老城里，春爱抬头一看："呵！这写着了，郭家胡同！"老太太一看，说："不对！不对！什么郭家胡同？这不写的是'同胡家郭'吗？"她给念反了！

作者与骆玉笙

但她在录《四世同堂》主题歌《重整河山待后生》时可不糊涂。那是 1985 年 2 月，她一进录音棚，四五十人的管弦乐队吃了一惊："导演疯了！"这么一位白发苍苍、深度近视、小矮个儿、走路都要拄拐杖的老太太行吗？老太太明白："他们看不起我！"当老太太一气呵成唱完之后，又让乐队吃了一惊，全体起立，激动地为老太太鼓掌。骆老心理明白："他们没见过七十多岁的人有这样的好嗓子！"但她故作不知地问："是哪位首长来了？"导演与乐队齐声说："给您鼓掌哪！"老太太一乐，在前呼后拥中上了车，然后说："这就叫天津曲艺！"

骆老的乐事儿不断，下篇咱讲她与马三立斗法。

骆玉笙与马三立斗法

天津人的哏儿,我曾总结有"自嘲类""调侃类""智慧类""犯嘎类"等多种形式。但有一个特点,就是拿别人找乐儿时,被找乐儿的人不急不脑,并能智慧地把乐儿找回来。骆玉笙与马三立之间的乐儿,就特别哏儿。

他二人同是 1914 年生人,都属虎,在团里可称为"一山二虎"。这"两只虎"关系特别好。究其原因,有一个外人不知道的特殊关系:骆玉笙的父亲骆彩舞,既变戏法又说相声,说相声是马三立外祖父恩培的弟子,从祖上就有交情。骆老比马老大两个月,马老管她叫大姐。

在 20 世纪 50 年代,曲艺界联欢,很多人在台下都畅叙友谊,没人看演出。说相声的要是在台上没人听没人乐,就太难看了。该马三立上场了,怎么办呢?他一上台就先声夺人:"我今天上台是给大家发奖,最高奖品就是骆玉笙。"啊?大家都不知道怎么回事,而且小彩舞的老伴赵魁英当时是天津市曲艺团团长,也在台下坐着呢,不知道马三立这"活"要怎么使。马三立一看没人交头接耳了,便开始慢慢地"使活",说:"今天一共是四项大奖!"马三立当时是副团长,发奖也可信。他说:"我先发四等奖,奖品是王凤山做的竹板,谁都知道他做板儿好,而且是凤尾竹,这个奖给李润杰了。"把李润杰高兴坏了,马老接着说:"三等奖是白云鹏用过的鼓,给小岚云了;二等奖是刘文友用过的三弦,给马涤尘了;最后一个大奖,是骆玉笙,她有钱,给谁?"他先看看台下所有的演员,然后翻了一个"包袱儿":"给谁……我自己留下了。"这个"大包袱儿",连骆玉笙的老伴都乐了。

骆玉笙也不是好惹的。晚年时,有一次两人同时患病,且都住进天津总医院,巧的是,两人的病房也挨着。马三立晚年耳朵背,戴助听器又嫌乱。他的小儿子马志良给他买了一个多功能表摆在桌上,可以报时,还可以报气温。有一天,骆玉笙来了,一进门就拿马三立找乐儿,说:"三立,你耳朵在家吗?"耳朵有自己出门溜达去的吗?马老明白,这是问他戴助听器了没有。说:"大姐,您有事?""我要出去,想问问外头的气温。""哦!我明白了。"然后一摁这个表,"叮咚",多功能表报出:"室内温度 20 度。""我不是问室内,我问室外!"这句马三立没听见,但他以为骆玉笙没听见,马上说:"你耳朵呢?"又摁了一次,"叮咚","室内温度 20 度。""我问室外!""叮咚","室内温度 20 度。"骆老说:"我跟你说话,比我唱一段都累!得了您呐,我走了!"马三立跟护士说:"她真聋了!我摁了两遍,她都没听见!"他还说人家聋了?!这时骆老拿马三立找乐儿,跟护士说:"你们给马老输液,太不容易了,要是能一针见血,将来给猴儿都能扎啦!"把护士们逗得捂着肚子乐!

马三立能耐大,可是他的能耐是怎么来的呢?咱下篇讲。

马三立在被调教中立艺

天津人的哏儿，无处不在。即便是在训斥、调教别人时，也有乐子。一代相声大师马三立，在被师父调教时就特别有趣儿。

1929 年，马三立拜师周德山（艺名"周蛤蟆"）。在马三立将近二十岁时，周德山发现，马三立在掌声中开始有傲气了。怎么办呢？老艺人都有自己的高招。有一天，师父说："三立，今儿师父高兴，我亲自给我的徒儿'捧'一个。"三立一听这个高兴啊！马上问："咱爷儿俩使什么活？"师父说："随便！"三立上台后铺垫了一个"垫话"，"包袱儿"响，然后要"入正活"了。说："您家几口人啊？"周德山听得出来，徒弟要使《六口人》。马上说："我光棍一个。"三立心里纳闷：师父怎么不给我"肩膀儿"呀？我今儿要使《六口人》，他一说"×口人"我就"入活"了。他来了个"光棍一个"，我甭说使《六口人》啦，《反七口》都入不了"活"。嗯，可能是师父不想让我使这块活，重新铺吧。他脑子还真活，从"光棍一个人不容易"开始铺，铺到做饭时，然后问："您吃了吗？"周德山又明白了，他要使《报菜名》。马上说："嗯，吃得饱着呢！"马三立一愣：吃饱了？我怎么"入活"呀！便说："您对我有恩，哪天我得请您。"周德山说："我这个人从来不吃请，甭请。"这时候后台的相声艺人就开始明白啦："周爷"要在台上难为徒弟，就是不给"递腿儿"，这"活"可没法使啦。三立在台上汗都下来了，大伙儿在后台也开始看热闹。三立心里着急，脸上还不能显出来，又从光棍聊住宅："您在哪儿住？"师父又明白了，他要使《夸住宅》。

108

但这句话问得有学问,只要我回答了住哪儿,好房、坏房,或没房、有房、正在找房,他都能借题入《夸住宅》。师父的脑子也快,说:"我住在树上。"三立说:"您是鸟啊?!"周德山说:"我最腻歪别人对我们家的房品头论足啦。"三立心想:您可够损的,这没法"入活"了。后台的人都捂着肚子乐,台下的老听众也都明白了,这是"周爷"在训徒呢!"你不是能耐吗?我看你这'活'怎么使?"听人说,后来的相声《论捧逗》就是源自周德山难为马三立。马三立这时也明白了:师父这是成心难为我,我是什么"活"也别想入啦!怎么办呢?他只能在台上使单口了,"捧哏"的怎么说都行!这次教训使他明白了一个道理:艺无止境和什么叫"活"。后来,他也真能把"活"使活了。有一次他使《夸住宅》,在台上他发现听众不认"贯口",便灵活地把"贯口"一段段地拆开并加进包袱儿。这是后话。

当时,他从台上下来后,周德山说:"今天这'活'使'活'了。"三立往椅子上一倒,说:"我的亲爹呀!还使'活'了,我都快死台上啦!"

马三立的能耐与师父调教有关,那么侯宝林的能耐是怎么来的呢?咱下篇讲。

天津观众"训导"侯宝林

相声界有一句话:"外地的相声艺人要想在全国赚钱,必须到天津淬火,才能成为好钢。"侯宝林也深有体会地说:"我是天津观众捧红的。"这里有什么故事呢?

1940年初,侯宝林还在北京西单商场撂"明地"。有一天,天津"燕乐戏院(解放后改为红旗戏院)"的前台经理李恩甫、后台经理于家锡和影剧业公会的周恩玉相偕去北京邀角儿,慧眼发现了侯宝林。在当时,侯宝林能进天津的园子拿"包银",可把他高兴坏了。他先邀能耐比较大的张少棠为其"捧眼",没想到张少棠说:"你这两下子到天津?能站得住吗?我跟你去天津一个月,演砸了,人家不要我怎么办?"没办法他又邀郭启儒一起来津。头天的"打炮戏",白天是《空城计》,晚上是《改行》。观众很认可,但热情、懂行的天津人开始给他挑毛病,那时侯宝林在台上有个口头语,即每句话之后都有一个"是不是",如:"今天咱伺候大家一段是不是?""相声是两个人说的是不是……"天津观众眼里不揉沙子,当他说到第四五句的时候,台下跟他一齐说"是不是",把侯宝林弄了个"大红脸"。但侯宝林很虚心,转天便改掉了这个毛病,并真诚地向观众请教。天津人讲究"你敬我一尺,我尊你一丈"。"吃过见过"的观众热心"训导"他,一位叫杨松亭的对他说:"你的《粥挑子》说粳米粥、糖麻花、油饼,这是北京人的叫法,在天津应改为卖面茶、烧饼果子……听着亲切。"《拴娃娃》原以北京为背景,《红事会》列举的是北京的婚嫁习俗,杨松亭帮

110

他做了修改。甚至连《大相面》《规矩论》《学四相》等段子中的地名、物名、称谓都帮他做了纠正;还有一位叫杨浩亭的,每次侯宝林演完就到后台提意见,这个人满口天津话:"告诉你宝林,你学刘宝全刘爷的大鼓有味儿,本钱好,可还得学他的刀枪架……"然后又给侯宝林比画两下。后来侯宝林学刘宝全的唱腔、身段惟妙惟肖;前台"把门儿"的职工,有一位叫马畅园的,告诉他"要边演边改,防止'艺尽人缘散'。要有新意,在使用'垫话'和'现挂包袱'上也要日新月异"。他只要三天听不到侯、郭的新笑料,便发出"警告"。还有一位开"瓷器店"的周三爷为侯宝林讲述了他听过的《批三国》,这就使侯的《批三国》以"三张断三桥"独树一帜。当然,侯宝林也很义气,经常雇"胶皮"(洋车)请他们到园子给他挑毛病,赚钱之后,请他们吃饭、洗澡。当时,南市的"玉清池"最出名,他看见被请的人搓脚,呲牙咧嘴的挺舒服。也一招手:"给我也来来!"没想到,这是搓脚气的,使本来没毛病的他染上了脚气。被请的人还拿他找乐儿:"这你还跟我学?!"侯宝林说:"这也叫学能耐,嘛能耐——这就叫'花钱找病'。"

天津的艺人藏龙卧虎,咱下篇给您讲相声艺人给蒋介石算卦的故事。

津门艺人给蒋介石算卦

天津有一位"宝字辈"的相声艺人欧少久,曾与老舍说过没有剧本的相声,也曾给蒋介石算卦。这是怎么回事呢?

欧少久 1911 年出生在天津的贫穷工人家庭。十岁学戏,有一次在演出《金钱豹》中的翻筋斗时,因台板腐朽,摔成右胯骨骨折。此后生活无着,他父母双亡,还要养活老奶奶,无奈只得在河东地道外卖报,相声艺人李寿增出于同情,便将他收在门下。1938 年他到了重庆,老舍、田汉、欧阳予倩等常常光顾他的书场。一次,全国文艺界抗敌协会在重庆举行文艺界同人联谊晚会, 不知谁喊了一句:"请老舍先生说段相声!"老舍先生没有准备,和谁说呢?这时,他把目光落在欧少久身上,说:"咱俩上台来段现编词儿吧。你随便出上联,我给对下联。"欧少久说:"好!"二人便向台上走去。简单的铺垫后,开始进入"正活",其中有一段是这样的:

欧(欧少久):"我上联是——坐着走。"老舍:"坐着怎么走哇?"欧:"你来我们这儿做客,临走时,我给你雇辆车,你坐着走。"老舍:"我对——起来睡。"欧:"起来怎么睡呀?"老舍:"那天我深夜回家,家里人先和衣睡了。我唤他们说,我回来了,起来吧,起来睡。"

老舍抖响了一个 "大包袱"。欧:"你还真行!我再出一个上联——小大姐上下庙走的东西南北道。"老舍:"好!我给你对的下联是——中青汉站山坡手搭凉篷转磨磨。" 欧:"哎!为啥转磨磨呀?"老舍:"对啦!你把方位全用上了,当然我得转磨磨啦。"这又是一个"现挂"。欧:"真有你的,我再出个上联——和尚端汤上塔塔滑汤洒烫塔。"老舍:"我对下联——少久呕酒下楼楼陡欧呕少久。"太绝啦!这个妙联再加上老舍精彩的表演动作,会场立即爆发出经久不息的掌声和笑声。

欧少久在这一时期受老舍先生影响巨大。1946年夏天,他表演相声《姓名学》时,在台上竟然给蒋介石算卦,他说:"清朝有一位道光皇帝,就冲这个名字他就得下台。为什么呢?道光,'盗光',祖国的大好河山都被他盗卖光了;道(盗)光下台,来了个光绪,这也好不了,你想,江山已经盗卖光了,他想给绪(续)上点儿,续得上吗?光绪下台后,换上了宣统(悬捅),悬捅(宣统),他在半空中悬着没落到实处,你还用劲捅,结果让人给捅下来了;宣统(悬捅)以后,又换了个袁世凯大总统。这个总统(总捅)更坏,你当总统我捅,我当总统你捅,捅、捅、捅,最后来了个蒋(讲)总统,要说啊,还是咱现在这位蒋(讲)总统最聪明。他跟别人可不一样,你们可不能随便捅,为什么呢?蒋总统,'讲'总统,他这意思是说:咱们得先讲(蒋)好了,你们再捅(统)……"后来有人说:"欧少久给蒋介石算的卦是真灵啊!把蒋总统(捅)给捅下来啦!"

天津艺人还有一位叫何质臣的,他竟然拿日本司令土肥原找乐儿,咱下篇讲。

何质臣拿日本司令官土肥原抓哏

您知道是谁首先将单弦牌子曲唱到天津的吗？为什么这个曲种在天津舞台一亮相，便受到天津老少爷们儿的热烈追捧？他仅仅是唱得好吗？天津观众"捧角儿"，有一条重要标准，那就是你唱的内容要反映老百姓的心声。此人做到了。抗日时期，他竟敢在台上拿日本司令土肥原抓哏。那么这是谁呢？

此人名叫何质臣，满族镶黄旗，他曾玩儿票唱单弦。当被断了朝廷的俸银、禄米后，以何为生呢？他听说天津卫的人识货，便于20世纪30年代初闯入天津，这也是单弦牌子曲第一次在津门亮相。他根据当时的时代背景，自编自演了反映反抗清王朝统治的《秋瑾就义》、揭露社会黑暗的《莲英被害》、反对投降主义的《反对二十一条》《还我青岛》等唱段，轰动津城。他改编、创作的传统节目《翠屏山》《醉打山门》《挑帘裁衣》《杜十娘怒沉百宝箱》，岔曲《风雨归舟》《秋声赋》，都非常脍炙人口、耐人寻味。20世纪20年代进驻中国的百代唱片公司，与之签约，当时每月付给他包银五百银元。

有一次，他因唱《反对二十一条》《还我青岛》被日伪军警察抓到局子里。因其当时在天津影响很大，老少爷们儿喜欢他，人们便组织示威游行，工商界人士及其他社会阶层也纷纷声援。最终在一个思想进步的年轻警官努力下，交了赎金，才出了狱。

遭受严刑拷打浑身是伤的他，依然铁骨铮铮。在茶楼演唱《金山寺》时，心怀义愤，临场抓哏。将曲词"虾兵蟹将前来助阵，领兵的元帅就是大老鼋",改为"领兵的元帅名叫土肥原",立时引得观众哄堂大笑。他竟然公开将土肥原骂成"王八"。没想到,第二天他就接到一张请帖,日军司令土肥原请他到司令部去唱堂会,而且点名要听《金山寺》。何质臣料到此去凶多吉少,在临行之前对为其伴奏的儿子何庆煜说:"我若遇害,由你葬埋;你若遇害,由我葬埋;你我二人若双双遇害,天津卫的老少爷们儿会为我们收尸的。"当他们来到日军司令部时,正值一个穿和服的朝鲜人因"奸细罪"被杀于院中,满地血污,这是土肥原有意安排的。但何质臣毫无惧色,从头至尾按传统原词演唱了《金山寺》,土肥原一看找不到证据,杀了他又怕激起民愤,只能勒令不准何质臣再在天津演唱。然后派人砸了茶楼,借以泄愤。而何质臣不畏强暴之名,则在曲艺艺人中广泛传开。

当何质臣离开天津奔走山东时,天津老少爷们儿万人空巷为其送行。从此,何质臣所演唱的单弦牌子曲扎根在了天津,他演唱的名段在天津流传,天津的老少爷们儿没有忘记他。

在唱单弦牌子曲的艺人中,有一人的绝艺已经失传。什么绝艺?咱下篇讲。

德寿山抓哏纠失误

现在喜欢相声的观众都知道相声演员能在台上根据突发情况"临时抓哏",而很少有人知道唱单弦牌子曲的也善于"临时抓哏"。甚至很多年轻的演员对此竟闻所未闻,究其原因,一是该技艺已近失传;二是年轻演员缺乏深厚的文化基础和艺术功底。这种"临时抓哏",相声叫"现挂",单弦叫"现岔"。当年"现岔"最好的是轰动京津的德寿山。

德寿山生于清代同治年间(1862-1874),镶蓝旗,官佐领,因背驼离职,喜唱单弦牌子曲,有深厚的文化积累。后因生活所迫,"下海"卖艺。在民国初期与全月如、曾启元三人被誉为三巨头。由于对时局不满,便经常编演一些针砭时弊的段子,《昆虫贺喜》就是其中最有代表性的唱段,内容为发泄对当时的军阀混战及其黑暗统治的不满情绪,颇受观众欢迎。德寿山不仅弹唱俱佳,唱词编写得也好。以岔曲为例,他一生编过数千首,他编的岔曲有两种类型,即"现岔"和"新岔"。"现岔"就是当场抓词,即兴表演。天津的老少爷们儿最爱听德寿山的"现岔"。他思路敏捷,语汇丰富,善于遣词造句,只要一上台,不管台上台下有什么特殊事、新鲜事,当场即编即唱,唱到最后,还总要甩出一个既在情理之中、又出人意料的"包袱儿"作为结尾,引得全场观众大笑不止。尤其是天津观众最喜欢看"新鲜玩艺儿",所以许多人花钱就是为听他"现岔"来的。如果某天德寿山没唱"现岔",听众就会说:"德爷没亮绝活儿。"天津人的"口味"，也激发了德寿山的"现岔"创作。有一年夏天，德寿山在露天消夏舞台演出。夏天的夜晚，蚊子很多，他一上台就让蚊子给围上了，他摸了一下脸，随口就唱："蚊子叮我脸，蚊子嘴一个劲头地往肉里钻，照这样的叮，我可怎么把三弦弹？我是孤零零的单身汉，我的内人去世已经整三年。就因为这罗锅害了我，直到今天我还没续上弦。没想到蚊子跟我结了不解缘。"观众们乐得前仰后合。还有一次，德寿山在茶园演出。因为他腰有残疾，是个大水蛇腰，上台时显得个儿小，每次演出，"检场人"都给他换个高凳子。这次演出，"检场人"忘记换了，他一上台，定好弦儿就唱："我的外号叫罗锅，谁不知道我怕婆。我是有名的大板凳，我的板凳……今天不给我坐为什么？一定是老婆有了外遇，咳！即便是有了外遇，我也瞪眼干瞧着。诸位先别乐，这话得两说。也许是老婆她一时糊涂把这凳子给弄错？等一等、拖一拖，用不了片刻时间，您老自然会明白。"唱到这里，"检场人"恍然大悟，赶紧把德寿山的专用高凳拿上台来，观众席中掌声、笑声经久不息。"检场人"歉疚地笑着把高凳子换了。

　　天津艺人的绝艺是不可估量的，"鼓界大王"刘宝全就能凭艺戏都统。咱下篇给您讲。

117

刘宝全凭"哏儿"戏都统

　　天津卫有句话,叫"人要是能耐大了,干嘛都能避邪"。所以呈强斗狠、靠能耐和胆量吃饭的天津码头,造就了一批批不畏强势、宁折不弯的人和事。"鼓界大王"刘宝全虽然是"伺候人"的艺人,但他竟敢凭着自己的骨气,以天津人固有的"哏儿",戏弄了一次都统。

　　刘宝全身怀绝艺,人称有"三绝"。现在我们除了能从旧唱片和广播中听到他开创、演唱的京韵大鼓和弹琵琶这两绝之外,很少有人知道他的第三绝啦!这第三绝是现在许多人闻所未闻的"石韵"。"石韵"是清代道光、咸丰年间说唱艺人石玉昆创造的一种曲调。石玉昆没有儿子,便把"石韵"教给了女儿。女儿出嫁,嫁给一个姓马的,又只生了一个女孩。石玉昆的这个外孙女长大了,想学琵琶,托人找到了刘宝全,并问学费怎么收,深知"艺不压身"的刘宝全不为钱所动,说:"学琵琶我不要钱,但你们得教我'石韵',以艺换艺。"双方达成了协议,刘宝全学到了"石韵"的很多精彩唱段和真谛。但他不公开演唱"石韵"。原因是出于仗义,"得给石家后人留饭"。堂会上若有人请他唱"石韵",他总是说:"我十分喜爱'石韵',但我没跟石家学好,您别让我出丑了。"甭管是谁,刘宝全一概予以谢绝。一次,他到某都统家赴堂会。演出要结束时,不知怎么回事,都统家的老太太听人说刘宝全的"石韵"唱得比石家后人好,便在听完他的京韵大鼓后,吩咐赏十块大洋,并点刘宝全唱"石韵"。盛情难却,刘宝全谢赏应允。"石韵"多是"蔓子活",即有"扣子"的长篇。一段连说带唱至少得三四十分钟,且故事丝丝入扣,还特别哏儿,让人听完一段还想听下一段。果然,都统家的老太太和少爷等人听得入了扣,一段完了还叫唱下一段。刘宝全无奈,一连唱了五段,外面已经天亮了,可老太太仍不罢休,没办法,刘宝全只好说:"我就会这五段,往下不会了。"刘宝全话音未落,都统瞪了眼:"宝全儿,你可别拿搪,我不叫你白唱,唱一段多少钱,我给!你要不识抬举,可别怪我翻脸无情!"刘宝全也不示弱,说:"我们作艺的也是人,您的钱我不挣。"说罢把十块银元往桌上一摔,甩袖就走。都统刚要发怒,许多看堂会的人劝他:"你惹了刘宝全,可惹不起天津卫喜欢他的老少爷们儿。"刘宝全大摇大摆往外走,并幽默地说:"想听'石韵'好办,都叩头拜我为师不就得了。"把个都统气得嗷嗷乱叫,但都统的娘一直还惦记听他的"石韵",并差人告知各剧场,刘宝全若唱"石韵",他重金购票打赏。刘宝全从此拒演"石韵"。

刘宝全之后,天津又出了一位"白派"京韵大鼓白云鹏,他有多大能耐呢?下篇给您讲白云鹏"现挂"震服侯宝林。

白云鹏"现挂"震服侯宝林

　　天津曲艺界的艺人可以说是个个身怀绝艺，否则无法在津门立足。1946 年在天津演红了的侯宝林在台上拿"白派"京韵大鼓创始人白云鹏"抓哏"，没想到让白云鹏的一个"现挂"给震服了！

　　1946 年 9 月 22 日的天津大观园，名家荟萃，阵容强大。当天，担当"攒底"的是"鼓界大王"白云鹏，曲目是《黛玉归天》。侯宝林应邀担任"倒二"，海报贴的是《闹公堂》。当时，演员们的"分账"有个规矩，"攒底"的艺人与演"倒二"的艺人差距相当大。在大观园，白云鹏每月拿包银六百储备票(伪钞)，资方还额外给补贴；侯宝林与郭启儒两人每月只给包银二百四十元。有一次，侯宝林要求邀角的王十二给长钱，没想到王十二出口不逊，说："你一个说相声的要和唱京韵大鼓的比？简直是欺师灭祖！"憋了一口气的侯宝林又不忍心离开大观园，因为当时的大观园已经超越了"顶尖"的杂耍园子"小梨园"。观众层次高，除了遗老遗少、达官贵人之外，许多文化名人如齐白石、张大千、孟广慧等人也来"捧场"。窝了一口气的侯宝林怎么办呢？年方二十九岁的他年轻气盛，便在台上拿白云鹏抓"现挂"。

　　《闹公堂》本来就是一段非常火爆的节目，也充分发挥了侯宝林学唱的特长。情节是一个戏迷当了县长，找来莲花落艺人于瑞凤、清泉分别做夫人、师爷，一个卖药糖的喊堂，拉洋片艺人"大金牙"带案，来告状的应该是唱京东大鼓的，侯宝林临时改成了白云鹏，把刚下场的乐亭大鼓艺人王佩臣说成是白云鹏妻子，遭人调戏，并惟妙惟肖地摹仿白云鹏的身段、腔调及台步，台下的掌声、喝彩声"山崩地裂"。侯宝林心中暗暗自喜，心想："让观众看看我这个挣二百四十元的，比挣六百元的怎么样？我们说相声的怎么就不能和唱京韵大鼓的比？你唱得再好，能接得住我这个'现挂'吗？"台下的观众心想："这回可来着了，看白老怎么应对。"这对白云鹏也确实是个考验，不能不理这个"现挂"，可又不能伤害侯宝林。因为白老在爱护和扶持年轻艺人方面是有口皆碑的。怎么办？侯宝林在掌声中下场了。观众屏气凝神要看白云鹏怎么接这个"现挂"。哪曾想，白云鹏偌大年纪，一溜小跑上台来鞠躬，环顾了一下观众，假装气喘吁吁地说："对不起！我险些误了场，因为我是刚下公堂。"这个"自嘲式"的"现挂"，不仅逗得观众哈哈大笑，而且获得一片叫好声。一下子就聚拢了台下的"神儿"，忘记了前场的侯宝林。第二天，天津的娱乐报刊纷纷称赞他不愧是"杂耍界的老前辈，让人不得不服"。还有的说："他这彩儿抓得太俏皮了，姜还是老的辣！"当时在后台的侯宝林也连呼："服啦！我等于给他这个'现挂'做铺垫了！"

相声演员在生活中也特别眼儿，下篇给您讲刘奎珍凭眼儿戏小偷。

刘奎珍以哏儿戏小偷

　　天津人的"哏儿"，具有其他地方的人无法比的特点。无论是高兴、气愤，还是遭遇挫折、危难，都能表现出独有的幽默。相声界老艺人刘奎珍，当遇到小偷偷其物品时，靠着"哏儿"戏耍了一次小偷。

　　刘奎珍是谁？现在许多年轻人恐怕不知道他有多大能耐了。他早年给马三立"捧哏"，后因患喉疾改说单口。侯宝林大师说："我们这辈儿的相声艺人中，有一位造诣高的，就是天津的刘奎珍。他创作的《画扇面》，多好啊！当大伙儿都学这段儿时，人家不说了。他改了，用原来的路子改成了《补袜子》。相声演员又都学他这段儿，人家又改成'二百五'打赌吃包子，描写得非常细腻。"我有幸于1961年在天津市红桥区曲艺团学徒时由他开蒙，曾亲历高英培找他，说："刘大爷！我在电台录的《钓鱼》您听了吗？您给我说说。"刘奎珍说："听啦！不错！我给你加个包袱儿，当说到'明儿还来一拨儿'时，你加上'听说明儿这拨是咸带鱼'。"把高英培乐得直蹦高。单口相声大王刘宝瑞见到他，也会非常尊敬地说："师哥，您听电台放我的段子了吗？哪不对？您给我说说。"

　　在生活中，刘奎珍也尽是好包袱儿。他原来住南市闸口街一间小门脸房，入冬，天津人有储存大白菜的习俗，以备冬季有菜吃。他们家也买了不少"青麻叶"（大白菜的一个品种），堆放在门脸房的门口。那天傍晚，他从河北鸟市演出后回家，快到家时，看见一个人

122

背着一只筐正一步一挪地往前走。筐里装的是青麻叶大白菜。刘奎珍仔细一看,发现这个筐有一破损处,是自己用麻绳补上的,这不是我们家的筐和菜吗?他心想:我现在要是一喊,小偷非得扔下筐就跑,可他要一跑,这四五十斤的白菜我怎么往家弄啊?我要是揪住他喊警察,他有可能给我一刀或一拳,我打不过他,怎么办呢?可能这个小偷也是穷极了,不然的话,谁偷这几十斤白菜呀?!想到这儿,他走上前去问:"这青麻叶真好!卖吗?""卖!我这也是帮人买的,你要是要,先让给你!""多少钱呀?""三分一斤,50斤您给一块五毛钱。""行!但是您得给我背家去!""多远哪?""不远儿,一会儿就到。""就这么办!"小偷背着筐跟刘奎珍一块往前走。一路上,刘奎珍怕小偷看出破绽,就故意跟他聊天儿,分散他的注意力。"你这菜是开锅烂吗?""您放心,保您好吃。"两人一路走一路聊,南市的小胡同多,刘奎珍又怕他认识路明白过来,便领他绕来绕去。没等小偷明白是怎么回事,就到了刘奎珍家门口。刘奎珍说了一句:"到了!""哪儿呀?""就这儿。""啊?妈呀!"小偷放下筐,撒腿就跑了。

相声演员在国外也有哏儿事,下篇给您讲美国人奉苏文茂为"神"的趣事。

美国人奉苏文茂为"神"

有一年,轰动相声界的一条特大新闻令人捧腹不止,即苏文茂被美国人毕恭毕敬地称为"神",什么"神"?"赌神"!谁都知道苏文茂一生中最大的爱好就是打牌。可是美国的各大赌场集聚着世界各国的"高手赌徒",先进的科技也融入各式各样的赌博形式中,一个说相声的怎么能把他们糊弄了呢?

那天,我到家中看望他。一进门他便哈哈大笑地说:"向组织汇报,我现在不是凡人,是神!是美国人顶礼膜拜的'赌神'。""真有这事?""你看看!"他顺手拿出一帧烫着金字的请柬。说:"美国的最大的赌场——拉斯维加斯赌场邀我去,往返机票、食宿他们全管。让我对他们的工作进行指导。"这是怎么回事呢?

苏先生向我透露了一个秘密:"我喜欢打牌,但我师父常宝堃禁止我打牌。有一次,我师父说:'快过年了,给你一份钱,回北京一趟看你娘去!'没想到,不到半天的工夫,我低着头就回来了,我师父一看就明白了,说:'又都输了吧?''嗯!'我也承认。'再给你一份,快给你娘送去吧!再打牌我可揍你!'有一次,我在后台正打着牌呢,没想到我师父一脚迈了进来。当时把我的脸全吓白啦!心想:'这顿打轻不了!'我师父看了我一眼,没言语,进化妆室了。吓得我赶紧推倒牌跑师父那儿认错去,一进屋,师父说了一句话把我给逗乐了:'你玩儿完这把牌再不玩儿了呀?!我看了,你这把牌准赢!'把那些想看我挨打的人都逗乐了!我为什么没挨打呢?后来才明

白，一会儿该演出了，师父怕影响我情绪。那时我师父也琢磨，不打牌干嘛去呢? 别再学坏了。便给我约法三章:第一,不允许以输赢为目的去打牌,谁赢了谁请客;第二,不能跟不认识的人打牌;第三,不能跟晚辈或孩子们玩儿牌。我规规矩矩地按这三条办。几十年过去了,这次我到美国看闺女,闲着难受,便说:'我打了一辈子牌,愣没进过赌场,我师父不让我以输赢为目的去打牌,所以不知道赌场

125

是什么样儿。'我闺女小娟马上说：'老爷子，我明白了，我送您上赌场，让您见识见识去。'我去赌场了，只玩儿中国传统的推牌九。每天都赢钱。那两天，在赌场引起了不小的骚动。说：'中国一白头发、白胡子七十多岁的高手，了不得！仙风道骨，一坐下就赢钱！神啦！'人家不知道我是说相声的。等回到天津，就收到美国赌场老板这封亲自签名的烫金请柬，欢迎我去指导，真拿我当'赌神'啦！"然后他"砸挂"说："看见了吗？我师父不让我赢中国人的钱，咱专赢外国人的钱。"

相声演员抓哏大都是在突发情况下表现出机智，下篇给您讲杨少华自己枪毙自己。

杨少华枪毙自己

"文革"初期,舞台上禁演相声。杨少华所在的南开区曲艺团开始演话剧,在台上的杨少华出了两次笑话,特别可乐。

演戏之初,没有杨少华的角色,他心里那个急呀! 当时在曲艺团是"工宣队"说了算,杨少华申请多少次也不让上场。可天无绝人之路,有一天演出前,演男一号的魏文亮忽然发高烧来不了了! 观众都入场了,怎么办? 这时杨少华以"舍我其谁"的气概站了出来,说:"要不……那什么……我给'钻个锅'(钻锅即补台)。""工宣队"领导说:"您会这个戏?""这个戏我爱看,我总看……""好!""工宣队"领导表扬他:"舞台就是战场,应该提倡少华这种精神。"杨少华马上说:"演完了,我能入党吗?""先演出。"杨少华心里美,化好了妆,对"工宣队"领导说:"这戏倒是总看,可这词儿……我一句也没记住。""啊?"大伙儿一下愣住了。这怎么办? 杨少华说:"只要有人能给我提词儿,我就能演。"这时有一高人出了个主意,由作者马音白提词儿。这是一台室内戏,舞台上的道具有一张床。让马先生钻到床底下提词儿,台下的观众听不见。"好主意!"马先生立即就钻到了床下,大幕拉开,杨少华上场。坏啦! 智者千虑必有一失,提词儿的马先生没考虑到这床底下黑,他在床底下拿着词儿,一个字也看不见。台上的杨少华一点儿都不知道,上台后做了好几个动作,没听到提词,心想:"怎么还不提词儿呀? 哦,可能是声音小我没听见?"然后就假装思考,往床边儿靠,嘴里小声嘀咕:"快给我提词儿,提词儿...."马音白在床底下说了一句话,把杨少华吓了一跳:"这底下黑咕隆咚,嘛也看不见!"天哪!这下杨少华的汗可就下来啦!他假装侧身做动作,冲着后台嚷:"拉幕!"大幕就这样拉上了。然后给马音白拿了一个手电筒,终于把这出戏对付下来了。杨少华下场找到"工宣队"领导说:"我能入党了吗?""入党?这都吓死我了!你明天到台上演土匪去!"

"土匪"角色的戏太少了,一上场,后台"叭"一声枪响,他"啊"的一声倒台上就行了。杨少华不甘心,他得在台上多亮亮相。当时在后台负责枪响效果的是唱京东大鼓的刘少斌,他还多准备了两把"砸炮枪",心想万一哪个哑了,有备份儿。这时杨少华上场了,左甩一枪,右甩一枪,戏足,没想到甩第三枪时,没响,"砸炮"哑了。他急中生智,在台上看看枪,意思是琢磨琢磨这个枪为什么没响。后台配效果的也慌了,赶紧配第三枪,这时杨少华正闭着一只眼冲着枪口看呢,"呼"!响啦!他冲后台喊:"有这么走火的吗?"观众都乐趴下了。

春节快要到了,我下篇给您讲天津春节"妈妈例儿"的与时俱进。

春节"妈妈例儿"的与时俱进

天津人的"妈妈例儿"最多,例儿:指惯例、体例、规则;妈妈:指长者,大都是指家庭中的老太太。有人说:"'妈妈例儿'就是天津卫女人们讲究的例儿。"我却以为:天津的"妈妈例儿"是随着时代而进步的,逐渐淘汰了封建迷信的内容,保留了其先进的、合理性的"例儿"。

首先,天津人过年比任何一个地方都讲究"年味儿"。早年间每年到了腊月初一,就开始为过年而忙,名为"忙年"。腊月初八是"腊八节",家家户户都要熬腊八粥。有钱的人家都向穷人舍粥,住在大杂院的普通百姓熬好粥后,第一碗也要先端给同院的孤寡老人,广结善缘是天津"妈妈例儿"中最看重的习俗。腊八之后,家家户户都会兴高采烈地为买年货而忙。到了腊月十五,形成高潮。所有的年货,诸如香蜡神马、春联吊钱、绒花、饭花、荤素供品、鸡鸭鱼肉、玩具耍货……一应俱全。天津的民间艺人也都拿出自己的绝技绝活亮相在鼓楼周围、北马路、北大关、官银号、估衣街、宫南宫北大街、河北大街、西大湾子等老居民区的街头。整个天津卫处处洋溢着喜庆、吉祥、欢乐的气氛。天津人的"妈妈例儿"中还有一句话,叫"有嘛不愉快的不能留到明年",邻里之间有过积怨的,双方见了面都抢着说:"新的一年来了,有嘛事咱翻篇儿啦!"谁家要是遇上"倒霉事",也会说:"旧事过去了,新的一年大吉大利。"

其次,天津的"妈妈例儿"随时去除糟泊。首先,作为天津人,我

最欣赏的是"初二姑爷节"。您知道吗?过去的大年初二,天亮前,家家户户给财神爷上供、烧香、磕头,还要放鞭炮、烧黄钱。然后,将财神"码子"火化,名曰"送财神"。现在我们不敬"财神爷",敬丈母娘,丈母娘取代了财神爷,您想那丈母娘得多美?多哏儿啊!咱们刚流行"初二姑爷节"时,许多外地人调侃:"天津大年初二,一道亮丽风景线,满马路都是形形色色、憨态可掬的傻姑爷!"现在您再看,许多地方都向咱学习,过起了"初二姑爷节",羡慕咱的"一个姑爷半个儿";其次,什么"大年三十,嫁出去的闺女不能看娘家灯",咱不信那一套,许多家庭从人口等现实情况出发,大年三十的年夜饭是娘家婆家在饭馆大聚餐,有的还举家国内外旅游;再次,正月初五,俗称"破五儿",即"破五穷,迎财神"。哪"五穷"?天津人尊奉韩愈《送穷文》中的破"智穷、学穷、文穷、命穷、交穷"。"迎财神"是因为正月初五是财神爷的生日,买卖店铺从初一起关门,正月初五都开市,唱戏的这一天开箱演戏。天津人与时俱进,"春节连市"早就在天津兴起,因为"消费者买东西花钱,才是真正的财神爷"。至于有的婶子大娘把初五定为"剁小人"的日子,什么婆媳不和、邻里打架都念念有词地剁几刀,"家家都闻剁菜声",年轻人早就嗤之以鼻啦!

另外,还有"点心盒子"大串连。那时上谁家拜年去都要提两盒"点心",即糕点。可许多家都舍不得吃,继续拿着它拜年,最后送出去的"点心",转了一圈儿,有可能又回到了自己家。这些事儿仿佛就在眼前,但已经成为笑话,不可想象了。

民俗,处处体现着与时俱进,也彰显了百姓们的生活变化、境界和智慧。

说起智慧,我挺佩服常宝霆。下篇给您讲常宝霆接受周总理大考。

常宝霆被"大考"

常宝霆生前曾三次进中南海，为毛泽东、刘少奇、朱德等中央领导演出。1962年，他被选为全国青年联合会委员，出席全国青联第二次代表大会。在这次会议上，他接受了一次周恩来总理的"大考"，令业内外佩服。

会议召开时，周恩来总理非常高兴地接见来自祖国各地的青年才俊，并愉快地应邀出席全国青联委员的联欢晚会。在接见演员时，总理握着常宝霆的手，亲切地说："你叫常宝霆，是常宝堃烈士的弟弟。你们一家有不少相声演员……"这时他看见常宝霆旁边的马季，还有在电影《刘三姐》中扮演刘三姐的"山歌皇后"傅锦华，灵机一动，给他们出了一道考题。总理说："傅锦华是歌唱节目的冠军，你们二人是相声表演的冠军，冠军之间就该来一场比拼，怎么样？"这可是一道严峻的试题。因为1961年由著名导演苏里执导的电影《刘三姐》，是我国第一部风光音乐故事片。故事深入人心、家喻户晓，街头巷尾人人都能哼哼几句主题曲。相声演员要和傅锦华对唱，这个难度可真不小。甭说不懂不会，就是哪句唱得味道不够、晃腔走板那都栽啦！而且山歌是对唱，节奏自由、曲调爽朗、情感质朴，表达的情感随生活而抑扬，随情绪而转和，你能唱出斗转星移，我就得对出四时轮回。这可是"大考"。当时刚二十八岁的马季问常宝霆："三叔，咱怎么办？"具有丰富舞台实践经验和扎实艺术功底的常宝霆与马季一番耳语，然后说："台上跟着我走。"常宝霆、马季与傅锦华走上台，一场相声与山歌的较量开始了。常宝霆和马季先用"金童与玉女"比喻他们仨人，抓了一个"开门包袱儿"，然后挑战傅锦华，常、马先从气势上占了上风。别看傅锦华抖"包袱儿"不行，只能在常宝霆和马季的"现挂"以及大家的笑声中憨笑，但一唱起歌来那掌声如雷、轰动全场。就听傅锦华唱道："哎——什么结籽高又高哎？什么结籽半中腰？什么结籽成双对呀？什么结籽棒棒敲哎？"

常宝霆脑子快，马上对道："我爱人的个头高又高哎——"马季和常宝霆合着唱"高又高"，"包袱儿"响了。人们赞赏常宝霆在台上机智的同时，更惊讶他唱出了山歌的味道，声音甜美婉转又带有山歌的山野特色和灵动鲜活。

掌声过后，常宝霆接着唱："我孩子到我半中腰哎——"马季和常宝霆合唱"半中腰"，常宝霆唱："我们夫妻成双对呀，我不听话她棒棒敲哟，哎棒棒敲。"机警的马季和常宝霆两人唱完一使相儿，把在场的周总理逗得前仰后合，全场掌声雷动。后来马季又和姜昆重新编排了这段相声，在1983年的春节晚会上与李谷一、袁世海一起为全国观众送去了笑声。业内人都知这是来自天津常宝霆的即兴创意。

常宝霆在弟兄中排行第三，在旧社会艺名为"三蘑菇"，他大哥"小蘑菇"的即兴创作更有绝妙之处，咱下篇给您讲。

"小蘑菇"艺惊画坛

　　天津人大都知道相声艺人"小蘑菇",即常宝堃,但对于他到底有多大能耐,现在许多人已不甚了解了。尤其是他在舞台上现编现演及抓"现挂"的能力,很多人知之不多甚至失传了。在20世纪40年代初,"小蘑菇"在一次绘画界集聚的重大场合,靠个人的现编现演,使知识渊博的画坛"大蔓儿"们啧啧称绝,并传遍京津画坛。

　　1941年初,在全国享有盛誉的著名工笔花鸟画家于非闇来津,在当时最大的书画展览馆永安饭店举办个人画展,轰动京津两地。天津的美术界、知识界等各界人士在登瀛楼饭庄为于非闇摆宴庆贺,为了体现天津各界名流对此次展览及对于非闇的重视,"小蘑菇"作为"什样杂耍"界的代表也应邀出席。到了饭店之后,"小蘑菇"有些不痛快。因为"什样杂耍"界就邀请了他一位,他心想:"这是瞧不起我们说相声的,认为我们是耍贫嘴没文化,难登大雅之堂。"但既然来了,就不能失身份,便彬彬有礼地和大家寒暄。这时于非闇知道他是"小蘑菇"之后,很高兴,说:"我在电台听过你的相声,我喜欢!"然后向大家介绍:"他就是著名相声艺人'小蘑菇',我们请他给大家说一段怎么样?""小蘑菇"心想,机会来了,马上说:"大家喜欢听哪段儿?听什么类型的随便点。"过去的相声艺人手里拿一把扇子,上面写着自己所会的节目。当"小蘑菇"将扇子递给大家时,没想到,有一个人站起来说:"我们不听这些,想听你现编词把今天的这个场面唱出来。"

这可难了,但没有难住"小蘑菇"。说相声的都会唱快板,他说:"我用快板唱今天这难得的场面。"这就更难了,因为快板需要合辙押韵,节奏快,思考时间短。这时就见"小蘑菇"不假思索,张口就唱:

> 打竹板儿,用目观,各位名士吃西餐。
> 讲书画,论笔单,在座诸公可占先。
> 溥心畲、张大千、陈半丁、吴湖帆,
> 今天都来祝贺花鸟工笔大师于非闇。

刚唱了开头这几句,场面就安静下来了,并报以热烈的掌声。然后他接着唱:

> 画山石郭传章,
> 药雨先生本姓方。
> 汤定之、吴侍秋,
> 乔山叶、陈缘督。
> 余绍宋、白石翁,
> 道敏学生曹文耕。
> 张海若,朱拓好,王师子鲤鱼带花鸟……
> 这些画儿我报不全,蘑菇我爱画儿没有钱。

"好!"大厅内叫好声不断,而且还有人说:"我给你画不要钱。"他接着唱:

要瞧画儿,到永安,要想买画到房间。

我蘑菇,学问富,

也画工笔老人带松树。

画山水、与人物,全给我挂到小便处。

最后这个"大包袱儿",乐得人们前仰后合。从此再无人看不起说相声的了。

在天津艺人中,能人数不胜数。下篇给您讲瞽目弦师王殿玉看电影的故事。

瞽目弦师王殿玉看电影

天津人都知道曲艺形式中有个"大雷拉戏",可是您知道这个曲种是谁首创的吗?他又有什么绝技失传了?这个曲种又是怎么创立的呢?

创立"大擂拉戏"的是天津瞽目弦师王殿玉,他生于1899年,解放后供职于天津市曲艺团,1964故去。一位盲人怎么能在名家集聚的天津卫立足,并以独创的曲种享誉津门呢?在旧社会,女艺人不仅要在艺术上站得住,还要长得漂亮,"人老珠黄"必须让位"色艺俱佳"的艺人。可是盲人王殿玉竟然能让天津观众如醉如痴,他的艺术魅力是怎么来的呢?除了天赋、用功之外,他善于博采众长。当年媒体也把他"神化"了,说他虽然双目失明,什么也看不见,但能看电影,爱看电影,经常进出电影院。所以他每次进出电影院都是一次不小的轰动。他难道有什么特异功能吗?

业内人都知道,他是专门去电影院听音乐的,而且悟性极强。当天下午听的音乐,晚上演出就能拉出来。他除了模仿戏曲唱段京剧、山东梆子、河南梆子、河北梆子、评戏,曲艺的京韵大鼓、乐亭大鼓、河南坠子、时调以及南北小调、流行歌曲之外,还模仿名艺人梅兰芳、马连良、谭鑫培、程砚秋等人的韵味、声调,均可乱真。再有就是模仿各种中西乐器、笙管合奏、小提琴独奏,模仿男女对话、犬吠鸡鸣等,也都惟妙惟肖。他还在拉弦中,混用弹拨技巧来模仿锣、鼓、军鼓等打击乐器,并常以丝弦仿声重复自己台上的话白,十分

137

风趣诙谐。尤其是他独创的"二胡拧戏",现在已经失传。这个绝技是：演奏时左手不按弦,而是拧动琴轴,通过琴弦张弛程度的变换来改变音高和音色,仿奏出整段名曲。后来他又将拧戏所用乐器命名为小雷琴。

在当年,王殿玉不仅雄霸天津各主要演出阵地、商业电台,而且在北京、南京、武汉、扬州等各地巡演也都轰动一时。1952年他加入天津市曲艺工作团,随即参加了第一届全国民间音乐舞蹈会演,获优秀奖。这是新中国成立以来首次给弦师颁发的奖项,被人们称为"丝弦圣手"。

那么他的模仿乱真到什么程度呢？20世纪40年代,王殿玉一度和白云鹏、张寿臣、侯一尘等人合作演出于大观园。王殿玉的大雷拉戏安排在倒三,张寿臣、侯一尘的相声倒二,白云鹏的京韵大鼓攒底。一天,张寿臣、侯一尘在别处演罢,匆匆奔大观园赶场。一出电梯,就听园子里传出白云鹏的《探晴雯》,已经唱到第二句"乍分离处最伤情"了。张、侯相顾失色：糟了,误场了！掏出怀表一看,咦,没来晚哪！二人跑进后台,见白云鹏正坐在那儿闭目养神哪。二人长出了一口气。原来,台上的《探晴雯》是王殿玉用大雷仿拉的。

在津门艺人中,也有许多趣事。下篇给您讲马三立"重婚"的故事。

马三立"重婚"的仗义

1933 年马三立十九岁，即在天津娶妻成家，没想到他于 1949 年在北京宣布和唱梅花大鼓的花小宝即史文秀结婚，不仅本人多次在华声电台亲自播送这个消息，还寻租婚房，舆论哗然。这是怎么回事呢？

1948 年，天津的娱乐场所不景气，马三立要养活妻子、女儿、儿子及长兄马桂元故去后留下的儿子，生活陷入困窘。恰巧，北京凤凰厅茶社和华声电台约他去演出，给他"捧哏"的搭档侯一尘家小都在北京，也愿意应邀，于是二人一道去北京，业务还不错。不久解放军围城，日落以后全城戒严，凤凰厅茶社停业，商业电台也停止广播了。马三立人缘好，戏曲界的朋友照顾他，赵燕侠的爱人张钊管他吃住。侯一尘去了启明茶社。1949 年 1 月 31 日，北京解放，电台广播恢复了，艺人成为新中国的文艺工作者，这时东北的相声演员张庆森来到北京，由他给马三立"捧活"。说相声的再不受轻贱了，焕发出极大热情和积极性的马三立，创作、改编了许多新节目，演出效果非常好。听众给电台写信点节目，北京戏曲界的名演员谭富英和他的父亲谭小培以及马连良、张君秋、叶盛章、周和桐等人都成了他的知音。随即东单游艺社开业，他和张庆森应邀参加演出，轰动北京。许多听众长时间收听他的广播相声，没有看过他的明场演出，传说他的相貌比他说的笑话更可乐，因此离东单很远的西城、北城、天桥、鼓楼一带的相声爱好者，也赶到东单游艺社看演

出。就在这时马三立在电台广播了一条爆炸性新闻:他要结婚了!许多人不信,可从电台传出来的确实是他的声音:

"诸位听众,各位同志,各位朋友,我和花小宝自由恋爱多年,决定正式结为夫妻,组成幸福家庭。如今万事俱备,就是没房。朋友们都知道,我一直在电台后院那间小屋里凑和,然而新婚总得有间正式房子不是? 这房子不能离电台太远了,有合适的房子您给留点儿神,我这儿提前道谢了!"张庆森还在旁边帮腔造势。

"陈世美……马三立是相声界的陈世美!"许多知道马三立在天津有家小的人都很气愤:"火了就看不上糟糠之妻,要娶年轻漂亮的花小宝啦……"可也有不明就里的喜欢他的观众,纷纷来信,介绍住房。甚至有人表示"租金无所谓,给多少都行"。最后马三立挑了一间离电台最近的,即史家胡同 49 号的一套里外间,房东极为仗义,月租只要一袋白面钱。可是到搬家时,住下来的却是张庆森夫妇。第二天,马三立在电台宣布"与花小宝解除婚约"。

这个"包袱儿"抖大啦!原来他是为张庆森租房,因为张庆森没有他有影响,家庭生活不宽裕又急需租房,于是马三立设计了"重婚租房"的笑话。明白就里后的业内人都夸马三立仗义,可花小宝却"砸挂"说:"他义气了,却让我背黑锅。"

要说骗局,我想起来侯宝林被骗的故事,下篇给您讲。

侯宝林江湖被骗

　　侯宝林幼小走江湖,旧社会各式各样的骗子、骗术他见得太多了,很难让他"中招"。可没想到,他在 20 世纪 40 年代让天津南市的"混混儿"给骗了一次,而且这次受骗竟然让他五年没缓过劲儿来。这是怎么回事呢?

　　1940 年 6 月,侯宝林与郭启儒应燕乐戏院之邀到天津演出。原因是原在燕乐戏院红极一时的戴少甫被袁文会迫害至死, 急需一场相声。院方到北京邀角,发现在西单"撂地"的侯宝林有油水可捞,便与他签合同,包括"捧哏"演员在内,月付包银二百四十元(伪钞)。先行试演,行则履行三个月的合同,不行随时走人。业内人都知道,天津这个码头很难演,能不能站住脚?侯宝林心里也没底,便与他们签了合同。头天的打炮戏,白天是《空城计》,晚上是《改行》。那天晚上正赶上电台在燕乐戏院实况转播,他的这两个节目,都是经过修改的,具有自己鲜明的特点。观众一叫"好",这头一炮就打响了。三天下来,剧场老板很满意。也看出有油水,要与侯宝林改订六个月的合同。侯宝林说:"这没有什么好谈的,原先都说好了,顶多订三个月的合同。"可是他不知道,燕乐戏院是由三个流氓合办的,经理叫俞三,原来是放高利的,名声很臭;后来又依靠一个名叫久保田的日本人欺侮艺人。另外还有两个副经理,一看侯宝林不同意,就威胁他说:"来到这儿,就得听我们的。"侯宝林怕惹事,便用乞求的语气说:"物价波动这么大,要是订六个月的合同,上面写着每月挣的钱数是死的,我们的生活可怎么办呀?"俞三说:"那你就甭管了,六个月就六个月,用钱你说话嘛!那还不好办吗?"侯宝林一听"用钱说话",认为就是给他们涨钱。事实还果真如此,俞三一看他们生活有困难,便主动给他们钱。侯宝林高兴,等到第四个月,他去找俞三结账,想给家里寄点儿钱。没想到,俞三一拨拉算盘,皮笑肉不笑地说:"不算利息,你还该我一千八百元。"啊?!闹了半天"用钱说话"不是给他们涨钱,是借给他们钱。侯宝林刚要分辩,一直在旁边揉着铁球横眉立目的两个"混混儿"说:"你还不谢谢三爷,这要是算上利息……"没办法,短了他们的钱,还能不干下去吗?当时物价飞涨,他们欠的钱越来越多,不但六个月之后走不了,而且从 1940 年 6 月开始在燕乐戏院独家演出了三年,不许到别的地方赶场演出。到了 1943 年后半年,俞三看见侯宝林实在还不上他的账了,才允许他到别的园子和电台赶场演出,直到 1945 年 7月才终止合同。

解放以后,由于俞三民愤极大,被人民政府逮捕枪毙了。这时侯宝林才扬眉吐气地"砸挂"说:"要是早枪毙他,我在天津这五年就发财啦!"

天津的艺人中藏龙卧虎,那么究竟谁是"靠山王"?他们是什么下场呢?下篇给您讲。

谁是天津的"靠山王"?

天津时调是天津人十分喜爱的曲种，名称是解放初期经王毓宝大师改革而定名的。此前统称时调，包含靠山调、鸳鸯调、拉哈调等众多曲牌，时调诞生、发祥在天津。那么在时调历史发展的早中期，起到至关重要作用的艺人是谁呢？是谁将被贬称为"荡调""窑调"的时调一改旧貌，登上"什样杂耍"的高雅殿堂呢？是谁将靠山调唱响京津并享有"靠山王"的盛誉呢？

这就是出生于1890年的天津女艺人秦翠红，其幼时家贫，被人拐卖到北京，学唱小曲，擅长《人辰十谣》。十八岁返回天津，在各落子馆演唱，师从王宝银、陆桐坡，学唱靠山调、鸳鸯调、拉哈调。观众为其取绰号"棒子面"。清末民初即已十分走红，她先与以善唱悲曲、被时人称为"悲调大王"的高五姑齐名，后成为当时最受欢迎的时调演员。她的嗓音浑厚深沉，吐字清楚，气力充足，用"男口"唱法，粗犷豪迈，富有阳刚之气。时调演唱的"稳、准、狠"三个要素把握得极好，"悲、媚、脆"三诀也为上乘，所唱靠山调堪称一绝，享有"靠山调大王"之盛誉，所以观众昵称其为"靠山王"。当时，王毓宝的师父姜二顺曾得秦本人指点，能传其艺。

在20世纪30年代中后期，秦翠红愤世疾俗，开始隐退，只参加义演或公益演出，收入所得全部捐助善事。她的气节及鲜少的露演，不仅观众格外珍视，更得到同行的尊重与关注。如民国三十一年(1942)她出演于玉茗春杂耍馆，首日日场贴演拿手唱段《七月七》,下午两点即挂出了满座牌。演唱时,"相声大王"张寿臣也在聆听。当唱到"瞧了一瞧东,望了一望西,瞧瞧我的儿,看看我的闺女,家里无人、了也了不的"几句时,只见张寿臣情不自禁地哭了起来,可见秦翠红演唱的《七月七》悲凉凄楚,感人至深。又如,民国三十二年三月秦翠红在玉茗春票演,也是还未开演即告满座。曲艺评论家戴愚庵还为秦翠红题了一首七言绝句,发表于民国三十三年一月十五日八卷二期《游艺画刊》:"燕赵悲歌乐府珍,黄钟独唱属天津。靠山王位如淮水,直到如今犹姓秦。"赞美之意,流淌于字里行间。可是这样的优秀艺人又是什么结局呢?

1943年10月31日,秦翠红忽闻一令其震惊的消息,比她大八岁的"悲调大王"高五姑因晚年不能登台,在"三不管"的街头冻饿而死。到乱葬岗,无处找寻。听说人拉走时被乞丐扒光了衣服,身上一寸布也没有了。秦翠红回到家中,茶饭无思、大病一场。精神和身体受到严重摧残,于1948年愤然离世。这就是旧社会艺人的悲惨结局。

解放后,给马三立"捧哏"的演员是刘宝瑞,可是他们为什么"裂穴"呢?咱下篇讲。

刘宝瑞为何与马三立"裂穴"

"裂穴"是相声界的行话,即搭档分手。马三立十八岁时与刘宝瑞搭档,而且马三立第一次出门"跑码头",也是与刘宝瑞搭档。可是二人为什么"裂穴"? 这里面有什么鲜为人知的故事呢?

马三立是 1914 年生人,比刘宝瑞大一岁,但刘宝瑞管马三立叫三叔。因为刘宝瑞拜张寿臣为师,辈分低。可是二人情同手足,刘宝瑞幼年丧母,父亲以推车卖糖为生。刘宝瑞拜师后,张寿臣引荐其到南市连兴书场演出。当时该书场"掌穴"的是马三立的父亲马德禄和马三立的师父周德山,他们都对刘宝瑞有诸多关照。当时刘宝瑞住在书场后台,离马三立家近。书场的收入难以糊口,他二人还去妓院说相声,经常遭到奚落与白眼,血气方刚的二人难以忍受,便商量离开天津去"跑码头"。那年马三立十八岁,刘宝瑞十七岁,无钱无经验,在营口奔烟台的船上,他俩一连两天没吃上东西,体格比马三立还弱的刘宝瑞饿晕了,束手无措的马三立偷了船上的两个锅饼,才救了刘宝瑞一命。可是这样的生死之交,为什么要"裂穴"呢?

1937 年 7 月 30 日,天津沦陷,独霸南市的大混混儿、大恶霸、青帮头子袁文会又投靠了日本新主子,日本人还委任其为"司令"。这使得袁文会更加有恃无恐,竟然规定凡在南市演出的艺人必须加入青帮,否则不准演出。大小混混儿到演出场地盘查,吓得马三立和刘宝瑞一连几天不敢出门,眼看要揭不开锅了。马三立已经结婚生子,便有人劝他俩:"入了吧!要不拉家带口的吃什么呀?"马三立说:"我不能去当混混儿,还得拿血汗钱孝敬这帮恶棍。"可是肚子饿怎么办呢?有一天刘宝瑞找到马三立,说:"三叔,我挺不住了,咱得赚钱,我告诉您青帮'清水腕儿'和'浑水腕儿'是什么意思。""你还知道什么?""青帮分为大、通、悟、学、万、象、依、皈八辈,二十辈,二十八辈……什么航三刀、嘉白刃……"青帮里的黑话,他背得滚瓜烂熟。"你加入啦?"这时刘宝瑞悄悄地掏出一本讲青帮帮规的书《通漕》,说:"我没加入,但我从一个混混儿手里弄了一本书,黑话都背下来了,和他们对话没问题,这书给您,您也背背。"三立接过《通漕》看了看,说:"你单身一人露馅可以跑,我这一家子人还不让人抄了家。没办法,你留天津吧,我去外地。"

就这样二人分了手,马三立与高少亭到外地"走穴"。没想到,冒充青帮的刘宝瑞刚开始还洋洋得意,以"深入虎穴的英雄"自居,没多久,便让混混儿们识破了,遭到一顿暴打,后经其师父张寿臣花钱说情才躲过此劫。这时刘宝瑞还"砸挂"呢:"挨打我也是英雄,因为我终究没加入。"

刘宝瑞是李伯祥的义父,可是李伯祥曾发誓要揍刘宝瑞。这是怎么回事?咱下篇讲。

李伯祥为何要打刘宝瑞

　　李伯祥的"贯口活"在业内是有口皆碑的,这种基本功是怎么来的呢? 李伯祥说:"我小时候是一个有骨气的孩子,曾立志长大了要打刘宝瑞,所以我很小就练摔跤,掌握跤艺之后要摔刘宝瑞。"这是怎么回事呢?

　　李伯祥幼小随父李洁尘走江湖,我曾说"天资聪慧的他是从占他爸爸便宜开始从艺的"。1943 年, 五岁的李伯祥随父在徐州"撂地",协助父亲"打钱",有一次,他父亲在演出中说:"谁是我爸爸呢……"他在场子里端着"打钱"的小筐马上拉长音搭了一句:"哎……"逗得全场观众哈哈大笑,连李洁尘都乐了。再看李伯祥下去一打钱,观众给的比以前都多。他爸爸看儿子搭的这个"哎……"从尺寸、节奏、使相到高低音都恰到好处,便开始教他相声,继而成为赵佩茹的大弟子、刘宝瑞的义子。功夫不负有心人,九岁的李伯祥随父到南京金谷乐园演出,得绰号"小神童",并首开小孩儿收入拿"整份儿"的先河。他就是从这时与刘宝瑞"结仇"的。

　　李伯祥赚钱超过一般艺人,但父亲对他学艺的严格要求丝毫没有放松。教"贯口活",每天三十句,第二天就得背下来,背不下来,就拿扎腰的"板带"打屁股,然后冲墙跪搓板接着背。搓板是一棱一棱的,硌着疼,有时他母亲趁其父不注意,就把搓板偷偷地翻过来,让他跪平的那面。

　　有一天,李洁尘将当时在南京演出的刘宝瑞请到家中,说:"您的《三节会》(即《开粥厂》)比我的好,您教给您干儿子吧!""好啊!我喜欢这小子。"于是他们两个人坐在椅子上,喝着茶、抽着烟,李伯祥站在旁边伺候着,刘宝瑞一句一句教,那个时候都是口传心授,半天教三十句,转天验收。这三十句会了,就算行了,如果中间忘了,提醒,哪句错了再来。但事不过三。有一次,李伯祥背了三次还忘,刘宝瑞抬腿就是一脚:"又忘了你,你太不争气了!"这一脚劲儿太大了,把李伯祥从屋子中间踹到了门口。而且不许哭,含着泪爬起来接着背。在一旁的李洁尘满脸赔笑,说:"兄弟喝茶,别生气了,这孩子得好好教育,你这么做太对了。"当时刚九岁的李伯祥便产生了怨恨、复仇的心理,他心想:"别人家的孩子都背书包上学,我每天演出挣钱养家,你们俩在那抽着烟、喝着茶、摆着谱,还打我这么狠,君子报仇十年不晚,将来我长大了,得好好地拾掇你刘宝瑞。"

晚年的李伯祥一提起这段往事,便站起来给刘宝瑞鞠躬说:"是您教我把基本功打得这么瓷实,这不是'仇',是'愁',我愁没有好好报答您……"动情之处令人感动。

与李伯祥同时代的还有魏文亮,他小时候惹了祸却得宠。这是怎么回事?咱下篇讲。

魏文亮惹祸得宠

魏文亮现在是声名显赫的相声表演艺术家，可是您知道他小时候淘气的趣事吗？当然，哪个孩子小时候都惹过祸，可是怪就怪在魏文亮惹了祸之后竟然得宠。这是怎么回事呢？

说起魏文亮小时候惹的这个祸，那可是出了圈啦！1951年，十一岁的魏文亮随师父武魁海及姐姐魏文华到坐落在谦德庄的"文富茶社"演出，这爷儿仨互为捧逗，效果非常好。茶社的赵掌柜非常满意，也喜欢魏氏姐儿俩。在"文富茶社"说相声的还有一个孩子，比魏文亮大三岁，是杨少奎的弟子，叫王文进，跟魏文亮同辈。魏文亮与他十分要好，可也都十分"嘎"。"文富茶社"对面有一个小酒馆，他们小哥俩儿经常到那儿吃饭。因为那时的茶社，每天从下午1点到晚上10点不停歇地演出，观众可随时进出，听一段一给钱。晚饭不能回家吃，他们便成了这个小酒馆的常客。老板姓马，待客热情，对他们小哥儿俩也十分关照，有时从家中带来烙饼，老板给加工，或焖或烩，总是多加肉丝儿。一天中午，这小哥儿俩在小酒馆吃完后，看见门口的一张桌子上放着十壶酒。每壶都装着二两酒，客人喝酒随便取，然后按壶结账。没想到魏文亮、王文进淘气出了圈儿，两人嘀咕了几句，然后王文进假意与老板说话，挡住了马掌柜的视线，魏文亮拿起了一个酒壶，把里边的酒往另外的一个空酒壶里倒出一大半，然后往少了酒的酒壶里倒满了凉水。"作案"之后，二人躲到一旁，偷偷地笑，想看顾客和掌柜的打架。没想到，偏在这时工商局来小酒馆检查，一个检查员拿出一个类似于温度表的东西，往兑了水的酒壶里一插。拔出来一看，脸色就变了。说："你是个奸商，心是不是让狗给叼走了？顾客花了钱，你是让人家喝酒呀还是喝水？"马掌柜傻了："酒……酒里有……怎么有水……""刚量了你没看见，还装傻？""同志……""关门停业，怎么处理，等通知！"工商人员走了，一头雾水的马掌柜闹不清酒里怎么进了水！一抬头，看见看热闹的魏文亮、王文进撒腿往外跑。这一跑掌柜的明白了："是这俩小兔崽子惹的祸！"便跟着到了茶社，马老板找到魏文亮的师父武魁海说明原委，武魁海一问这小哥儿俩，他俩便"如实招供"了！武魁海刚要打他们两个，比武魁海大一辈儿的尹寿山出面了："孩子要上场了，你先去工商局说明情况，有什么事儿回来再说。"没想到，那天是尹寿山给魏文亮捧《汾河湾》，效果出奇的好。武魁海从工商局认错得到了谅解，回来后一看文亮在台上的表现和效果，高兴坏啦！等魏文亮一下场便把他搂在怀里，说："活使得不错！好！别说你往酒里兑了水，你就是往派出所里扔砖头儿，师父也给你搪去！"有这么宠徒弟的吗？！

艺人之间的眼儿事儿特别多，下篇给您讲马三立与赵丽蓉的恩与怨。

马三立与赵丽蓉的恩与怨

马三立与赵丽蓉是大家都非常喜爱的两位大师，可是较少有人知道他们二人的关系。一位是说相声的，一位是先唱评戏后演小品，从艺术门类上不搭界，媒体也鲜有报道，更不知道他们之间怎么结怨，又如何由怨而成恩的。

您知道马三立演戏的功底吗？在敌伪政权统治下的天津，物价飞涨，生意惨淡，马三立所在的宝和轩老板桑振奎，在天津首先提出演反串戏。马三立演的《打面缸》《一匹布》《兄妹顶嘴》等闹剧，虽红火一时，但仍难摆脱生活的困窘。开明的桑振奎允许马三立到别的园子"赶场"。1940 年，马三立便来到新凤霞挑班的中华戏院，在评戏前面加演相声。他就是在这儿结识了赵丽蓉。有一天，他说完相声，坐在后台休息，大轴《孔雀东南飞》就要上了，新凤霞的刘兰芝已经扮好了装，刘兰芝的丈夫焦仲卿也上场了，可是演刘兰芝婆婆焦氏的赵丽蓉不知有何急事没有来，怎么办呢？新凤霞一看马三立，说："三立扮个彩旦！""什么彩旦？""恶婆婆焦氏！"马三立为难了，他一句台词都不会，可又不好拒绝。因为按当时的规矩，马三立的演出费是由"挑大轴"的演员发。新凤霞母女很义气，总是多给他钱。救场如救火！马三立一边听新凤霞给他说戏，一边化妆，箱官给他穿衣服，恶婆娘焦氏就登场了。有的观众一眼就看出这个丑婆子是马三立，他还没张口，台下观众就笑开了。虽然他台词没有记准，但临时加进的"包袱儿"，获得的笑声、喝彩声不断。这场戏演完了，也与赵丽蓉结了"怨"。因为这个焦氏的角色,赵丽蓉无法愈越啦!她再演焦氏,台下竟有人喊:"换马三立……"也有同行冷言冷语:"一个专业彩旦还不如说相声的了。"赵丽蓉当时也认为"马三立在台上没给我留饭"。马三立心胸宽,先表示欠意,并主动跟赵丽蓉"砸挂"逗她乐,并为赵丽蓉所演的丑角加"包袱儿",逐步加深了感情。更让人感动的是:当马三立被错划为"右派"下放农村、停止演出时,赵丽蓉四处为马三立鸣不平,1962年"摘了帽"的马三立首演于北京长安戏院,轰动一时。赵丽蓉又做出一个举动,她与花月仙每人花十元钱买黑市票入场,散戏后到后台含泪看望马三立,说:"我买黑票就是要证明内外行都喜欢您。"

1987年底,各地评剧名家在天津中国大戏院举行振兴评剧荟萃演出,赵丽蓉重排传统剧目《对金瓶》。为此,赵丽蓉特意到马三立家中向他求教,并请他为剧情增添笑料,马三立亲临排练现场,为这出戏加进了许多"包袱儿"。赵丽蓉演小品后,更没忘了登门请教马三立。

相声演员趣事多,下篇咱讲杨少华带刘俊杰"行骗"的故事。

杨少华带刘俊杰"行骗"

　　杨少华与刘俊杰都是天津市曲艺团的相声演员，他们怎么能"行骗"呢？说起来特别哏儿。

　　20世纪80年代初，天津市曲艺团实行了承包制，"多劳多得"。但非常辛苦。演员们在外地巡演时，为了省钱，自己做饭吃。有一次，他们到了一个县城，兼职做饭的刘俊杰买菜回来，跟杨少华说："杨爷！我本来想买一点儿绿豆菜，这的绿豆菜又大又粗，可不知道是不是用药泡过，没敢买！""哟！小子，这个你都看不出来？""嗯，真看不出来！""找我呀！""呵！您那么大能耐？那您领我去买。""行！"杨少华真有办法，房间的电视上面有两根电镀的拉杆天线，他把其中一根拧下来，拿着就去了。那时候电视还未完全普及，到了卖绿豆菜的地方，他把拉杆天线拉长了，往绿豆菜里一插。那个农民不知怎么回事，一看杨少华是干部模样，见他把天线在菜里放了一会儿，拔出来，冲着太阳反复看，以为是什么仪器。这时杨少华问卖菜的："你说，你这里头放了什么药没有？"这个农民以为这个先进仪器给测出来了，吓得把实话都说了："俺就放了一小捻儿。""这哪行啊？我应该罚你！""别！我这下头还有一袋没放药的，您拿走，我不要钱了！""贿赂我？这不损坏我们国家干部的形象吗？"俊杰想：有这样的国家干部吗？赶紧付钱。

　　还有一次，另一个承包队有演员病了，急需杨少华与刘俊杰前去"救场"。但从一个县城赶到另外一个县城需坐火车，过去杨少华坐火车不怕没座,他随身带一付扑克牌,给人变魔术,看魔术的准给他让座。这次可不行了,人多挤不上火车。当时也没人认识他们俩,怎么办呢?这时杨少华对俊杰说:"小子,咱不能误了演出,下一趟车再来,我往前挤,你在后面推我。"车来了,俩人前后一使劲儿还真上去了。上去以后,杨少华在两个车厢中间,脚就离了地啦!他岁数大,人又瘦,挤得他喘不上气儿。他想:等到了站非把我挤成皮影中的影人了!他便用"行话"告诉俊杰:"我得使腥门子。"就是使假骗人。俊杰纳闷:"使什么腥门子?"这时就见杨少华嚷了一声:"啊!我要吐!"围在他周围的乘客"呼啦"一下子就让开了,都怕吐自己一身。杨少华高兴了:"可喘口气儿了。"脚也落地儿啦!没想到,一会儿又都挤过来了,他又"啊!我吐……"乘客又闪开了,来了两回后,他想:不行!马上一捂胸口:"我心脏病......"这可不得了,列车长赶来了:"快!先上我那个卧铺!"杨少华一指俊杰:"他……得伺候我!""一块儿去!"晚上到了剧场,经理这个高兴啊!"看看这老艺术家的精神,没误场。"杨少华还吹牛呢,说:"当年我要是八路,准是英雄。"刘俊杰说:"妈呀!都快把我吓死啦!"

说起行骗,戴志诚有个故事也特别哏儿。咱下篇给您讲。

戴志诚行骗之哏

哏儿,体现在天津老少爷们儿生活、工作的各个方面,其中也包含捉弄人和被捉弄,但这种"捉弄"一定具有幽默技巧,使被捉弄的人明白真相后也哈哈一笑。现在给姜昆捧哏的戴志诚就有这样的哏儿趣。

1978年戴志诚与郑健考入天津市曲艺团,在此之前的1975年,该团已招收了刘亚津和王宏。领导决定这四个人住一个宿舍,现在这四个人都是大蔓儿,可小时候淘气是家常便饭,诸如夜里跑到别人宿舍,趁别人睡着的时候往人家鞋窠儿里放药丸子,往人家喝水的暖水瓶里放洗衣粉……谁不小心就会成为大家取笑的"包袱点"。可大家很团结,没人找老师告状。这四位住一个宿舍,都比较懒,没人愿意打水。没水喝怎么办呢?戴志诚出了个主意,说:"咱们抓阄,谁抓着'打水',谁打一个礼拜。"于是戴志诚做了四个阄,刘亚津一抓,发现上面写着"打水"。他说:"好,我先打水!"一周过后再抓阄,刘亚津一看,又是自己"打水",等到第三次他又抓着"打水",心里就纳闷,说:"怎么回回都是我打水?这个不对,你们都把纸条打开我看看!"那三位把纸条打开一看,都是白板。到了第四次,他说:"不行!这次我来负责摇阄。"他把四个纸条摇一摇,往桌子上一撒,自己拿起来一个一看,还是"打水"。大伙哈哈大笑。原来戴志诚做了一个扣儿,这四个纸条上写的都是"打水",刘亚津抓哪个都是打水。纸条的背面是白板,刘亚津要看时就露出反面。他们把刘亚津给骗啦！

学员队队长是著名弦师马涤尘,他对孩子们要求特别严,大家至今都非常怀念他,一批批的孩子成才他是倾尽心血、功不可没的。当时,所有的孩子都怕他,也没有人没挨过他的训。怎么才不挨训呢？于是戴志诚有感而发,他在自己屋里的墙上画了一幅"佛像"。然后拜了拜,对同学们说:"这个佛太灵了,谁犯了学员队队规,拜了佛,准挨不了马老师的骂,你们看,我这几天就没挨骂吧？"学员们都信了,尤其是女学员,像当时的籍薇、刘秀梅、张国丰、何丽荣等都抢着上他屋拜佛。戴志诚还说:"要想体现你们虔诚,得放香火钱。"当时的这些女孩子们都倾尽所有,每天早晨悄悄地来拜佛、放钱。日子久了,钱也攒了不少。突然有一天,"佛像"前面的钱没了,别人就问屋里住的人:"钱都哪去了？"戴志成说:"佛拿走啦!""我不信!"后来一打听才知道,让以戴志诚为首的这几个嘎小子买烟抽了。真相败露后,戴志诚还吹哪:"我就是佛,你们的钱没白花,我这是让你们知道一下什么叫迷信。"他还有理啦!

刘亚津在当时也是个出众人物,胆子大,人缘好。同时也有许多趣事,下篇给您讲他"大义凛然"之哏儿。

刘亚津大义凛然之哏

　　"嘛事都不能含糊"是天津码头文化赋于津门老少爷们儿的性格,在这种性格中往往还蕴含着天津人的幽默和哏儿。著名相声、小品及影视演员刘亚津就是其中一位。

　　他现为中国人民解放军空政文工团演员,在部队四次荣立三等功,还被评为全军优秀共产党员。1975年刘亚津进入天津市曲艺团学员队,他入学时,曲艺团的学员和杂技团的学员在一个院子里住宿和排练。所以他和王宏、郑健、戴志诚等常到杂技排练场玩。一次,刘亚津根据要领玩"钻圈儿",旁边的人都喊"好",杂技老师便表扬他:"你们看看,人家练曲艺的,多聪明,没怎么练就比你们强。"刘亚津一听更来神儿啦!他看见那个顶坛子的,说:"这有什么了!"他挑了一个最大号的坛子,往空中一扔,就用脑袋去接,接是接到了,不过只见他赶紧用手扶住放到地下,面无表情。旁边的王宏问:"怎么样?"他一动不动地小声说:"我眼前都是金子!"他被砸得眼冒金星,但还要表现出"大义凛然",装作若无其事地走出排练场。到宿舍一摸,头上长出一个"小脑袋"。

　　他业余时间喜欢踢足球,技术一般,可胆子大,总想玩儿出点花样儿,踢出个名堂来。一天早晨,练完"基功"后,和几个小兄弟去踢球。他一边踢一边吹:"这球到了咱的脚下,谁也甭想断球……"结果一脚踩在球上,当时脚踝就来了个粉碎性骨折,绑了好几个月夹板。

　　脚刚好,曲艺团跟河北梆子剧团组织了一场足球友谊赛,他坚决要求首发。梆子团的队员大多是武生,体格健壮。曲艺团的哥们儿个个骨瘦如柴,怎么办呢?他们进行了"敌我分析":"没关系,别看他们身子骨比咱棒,他们练功练得都是傻子,咱多聪明。"上半场踢平了,可把哥儿几个累惨啦。下半场,亚津可真是玩儿了命了,只见他身上穿的白背心都已经湿透啦,那场地没有草坪,就是炉灰铺的地面,连梆子团的武功演员们都含糊。可亚津不在乎,又一个球过来了,他飞身铲球,后背着地,整个身子横着就出去了。场上场下给他喊起"好"来:"好!真猛啊!"亚津得意扬扬地站起身来,心里美。站在他身后的戴志诚看着他的后背,犯了嘀咕:"这白背心怎么成了黑红色儿了?"仔细一看,可不得了啦!亚津的后背,被炉灰地蹭出的血道子把背心都给染红了。他说:"亚津兄,快下场休息换人吧。"亚津说:"为什么?""您后背都搓出血道子啦!""有多少血道子?""七百多条!""啊?!哪来的这么邪乎,没事,接着踢!"梆子团的队员一看害怕了,赶紧喊道:"这球不能踢了,不踢啦!整个一个不会踢球,跑这玩儿命来了!"

天津人的哏儿,也为相声演员的创作提供了许多素材。侯长喜在这方面就收获颇多,这其中有什么哏儿趣呢?咱下篇给您讲。

159

天津人的哏儿是侯长喜的创作之源

天津人的哏儿是相声创作取之不竭的源泉，善于观察天津人哏儿的侯长喜，就收获颇丰。

1985 年，侯长喜的师父阎笑儒故去了。第三天到了火葬场，下车进告别厅，家属、朋友就开始哭。这时，一个工作人员说："哭嘛？哭嘛？你们哭的人对吗……这是上一拨的！"侯长喜心想，这是什么服务态度？一会儿，阎笑儒的遗体推出来了，大家又哭。这个工作人员又说话了："别哭啦！哭两声儿得了，哭也哭不活，真把他哭活了，把你们也都吓死了……"遗体告别仪式结束后，侯长喜就去找这个工作人员，说："哎呀！你挺幽默，我准备让你当我的师弟……""好啊！将来你们的业务也归我管！"这时，侯长喜抓了一个哏："我师父已经走了，那边儿还缺一个捧哏的！""哦，你让我去呀?！"侯长喜灵机一动，写了一段相声，叫《生死之间》。

有一次，他二哥从北京来看他，他陪着领略天津的著名景点。到了中午侯长喜说："咱俩来碗拉面，省时省事，吃完咱再接着逛？"他二哥说："我喜欢吃拉面。"他们刚走到吃拉面的摊位前，就看见不远处过来一个小伙子，冲着卖拉面的喊："喂！掌柜的，你给我拉一碗！""拉一碗？"这话听着别扭，再看那掌柜的一点头："马上给您拉，您要粗的要细的？"他还挺讲究！这位小伙子说："您拉的粗细我都爱吃，您就随便拉吧！"这还有随便拉的？掌柜的还真利落，三下五除二，跟小伙子说："拉完了，您来碗热乎的！"这番对话，把侯长喜乐得一拍大腿，一段《吃拉面》成为经典作品。

有一个阶段天津市曲艺团与杂技团在一个院里办公。侯长喜看见杂技团驯狗特别可乐，便和爱人商量也买只小狗，然后就问杂技团的演员："这狗怎么驯？"杂技团的演员告诉他："这得在狗饿的时候驯它。拿着食盆给它示范，难着哪！你不行！"侯长喜不服气，心想："你们不就是从吴桥招来的吗？连自己名字都不会写，我这么聪明还不如你们？"于是照着杂技团那只狗的品种，也买了一只。高兴！自己要驯狗。当他爱人要喂小狗时，他不让喂："不行！你不懂！杂技团的狗怎么驯出来的？不急着给它吃，拿着食盆给它示范。"这两口子还真有耐心，趴在地上冲狗学两声叫唤，然后再给它吃。您还别说，这个动作做了几次之后，小狗还真记住了。那天他上班，杂技团的演员问他："侯老师！您家的小狗驯得怎么样了？吃食的时候叫唤了吗？"侯长喜说："有进步。""什么进步？""我们两口子要是不趴地下叫唤，它不吃食。"杂技团的演员乐了，说："您这哪是人驯狗啊？整个一个狗驯人！"呵！一段《驯狗》小段又出笼啦！

各行都有各行的绝艺，下篇给您讲老艺人杨少奎的绝艺。

杨少奎的绝艺

　　天津的相声艺人个个身怀绝艺，否则难以在天津这个码头立足。杨少奎就是其中一位。在 20 世纪三四十年代，天津有两个"相声大本营"，一个是南市的连兴书场，一个是河北鸟市的声远茶社。著名相声艺人全聚集在这两个园子，连兴书场的"掌穴"先后换了多人，而声远茶社始终由杨少奎"掌穴"。他有多大能耐呢？

　　第一，他把太平歌词推向一个新境界。20 世纪 30 年代，他丰富了太平歌词的曲牌、韵调，融进了诸多鼓曲、戏曲的曲调，使这一形式进入鼎盛时期，并由他领衔建立了专演太平歌词的书场，演员有张福祥、刘广文、马寿岩、刘奎珍、耿四福等。当时的中华、仁昌、东方等电台经常播放杨少奎的唱段。天津解放后，电台播放的第一段太平歌词就是他演唱的《刘胡兰》。第二，善于带学生，许多艺人都愿把孩子交给他，其入室弟子为"文"字辈，按"元、亨、利、贞、学、习、进、步、光、辉、灿、烂……"排序。那么，他在教学上有什么特点呢？20 世纪 60 年代初的一天，红桥区曲艺团一名管理者要"开除"几名学生，起因是授艺的老师赴外地演出，学生便晚来早走，管不了啦！可杨少奎说："我来管。"他不讲大道理，每天一上课给学生们讲一个故事，留一个扣儿，下课时再解。绝啦！学生们都早来晚走，听故事，了解"扣子"。那么，他的"扣子"有多厉害呢？这就是他的第三个特点：说单口长篇，以"扣子"赢观众。

　　那时团里为了创收，让他开辟一个书场说两个月评书。第一天通知,第二天便贴出了海报——杨少奎表演《乾隆下江南》。不给准备时间,每天晚上两个半小时。当时是计时收费,评书是十分钟一分钱,每晚座无虚席并卖站票。领导又决定:书场太小,要挪进百鸣曲艺厅。百鸣曲艺厅是专演曲艺和相声的,收费是十分钟二分钱。因此让杨少奎也改为十分钟二分钱,照样满座,连说评书的都特别羡慕。当时,我正跟杨少奎学徒,每天得伺候师

作者与师父杨少奎(左)

父。有一天,天气特别热,门口有个卖冰棍的,当着观众冷嘲热讽地对杨少奎说:"新社会了,小徒弟这么伺候你,也不给孩子买根冰棍!"这句话可把杨少奎惹了,说:"一会儿我照顾照顾你!"过去的老艺人使"书扣儿"都有绝活。像魏文亮的师父武魁海,最后的"扣子"不仅让观众还得来,而且还是个"大包袱儿"。杨少奎的"扣子"另有一绝。那天,他开书先用一个"大扣子"扣住不解,即"子母扣",紧接着是"连环扣""扣中扣",扣扣相连,整整两个半小时把观众扣在座位上,没有一个出去买冰棍的。下场以后,那个卖冰棍的带着哭腔道歉求饶:"杨爷!给口饭吧!冰棍全化啦!"

相声是天津人普遍喜爱的曲种,那么第一个来天津说相声的是谁呢?咱下篇讲。

163

第一位来津说相声的是谁？

　　天津是相声发祥地，被誉为生来就具有幽默细胞的老少爷们儿爱相声，喜欢听相声。那么，天津从何时出现的相声？第一位到天津说相声的是谁？在何处首演？这是个长期有争论的问题，而我多方查找资料后，得出以下结论：

　　第一位到天津来说相声的是相声界的祖师爷朱绍文，艺名"穷不怕"。他生于1829年，卒于1903年。幼年学唱京剧，曾搭"嵩祝成班"。他何时开始说相声的呢？清同治元年（1862年），咸丰皇帝去世，一百天不准演戏。为了养家糊口，他流落"天桥"开始说相声。近年来，有的理论家认为"相声"一词源于张三禄，张应为相声界祖师爷。而业内却仍然认为是朱绍文，为什么呢？我给归纳为四点理由：(1)是朱绍文开始立门户收徒；(2)他创立了对口相声；(3)他创作了一大批至今相声演员还在表演的作品；(4)建立了以"义"为道的行规。那么，他来天津卖艺有何根据呢？

　　咸丰十年（1860年），周楚良撰写了《津门竹枝词》，除用诗句谈到了荡调、莲花落等曲种外，还记载了马头调、打夯歌、子弟书和相声的演出情况。在讲相声的诗句中写道："当街谈相半支离，独有单街河岸奇，三字大书穷不怕，往来过客竞攒资。"诗句中提到的"单街"在天津旧城东北角外，因这条街道只是一边有店铺及住宅房舍，另一边是南运河，故而得名"单街"；"三字大书穷不怕"，"穷不怕"是朱绍文的艺名，他"撂地"时用白沙撒字写自己艺名；"往来过

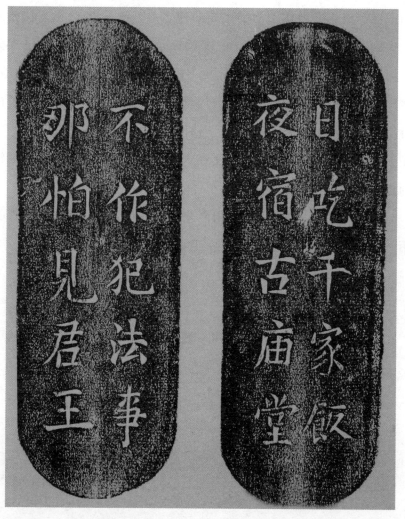

客竞攒资"，写的是"穷不怕"到天津"撂地"受到普遍欢迎的情形。
"穷不怕"知识渊博，技艺超人。当年慈禧为表示与民同乐，御封"穷
不怕"为天桥八大怪之首。而天津是畿辅重镇，作为江湖艺人的"穷
不怕"是不可能不到天津来的，而"单街"适在侯家后，是当时天津
最为繁华的地区。继"穷不怕"之后，北京相声艺人裕二福听说天津
的老少爷们儿喜欢听相声，能赚钱，于光绪初年也来津，说"八大棍
儿"，颇受欢迎，之后便长期在天津演出。光绪十年(1884年)前后，

相声已经成为杂耍馆上演的主要曲种之一。到了清末,第三代相声艺人阎德山和艺名"万人迷"的李德钖及"人人乐"陈青山,已成为天津最著名的相声艺人。这时,更多的相声艺人也纷纷来津"撂地"演出。如"面茶周"与"周蛤蟆"(周德山,后为马三立师父),父子俩自庚子年后就在"三不管"卖艺,当时周德山只有十一二岁。相声能在天津发祥,首先应感谢朱绍文在天津为相声打开一片天地,天津的相声艺人不应忘记他。

在相声的历史发展中,女相声艺人的作用是不可忽视的。那么第一位说相声的女艺人是谁呢?咱下篇讲。

第一位女相声艺人是谁？

相声界有诸多杰出的女相声艺人，但第一位说相声的女艺人是谁？她从什么时候开始说相声的？为什么要说相声呢？

在相声界有一个家庭，即来家。主人叫来福如，曾向马三立的外祖父恩绪学艺，是著名的竹板书艺人。后由李德钖（"万人迷"）代拉师弟，正式成为恩绪的弟子，为"德"字辈艺人，改名为来德如。他有两个儿子——来平如、来少如（李寿增的弟子，艺名"小怪物"），来小如是他最小的女儿，生于 1907 年，则是全国出现最早的女相声艺人，也是女艺人中最早"撂地"说相声的。那么，来小如是怎么说的相声呢？

因为父亲是说相声的，来小如就喜欢上了相声。当父亲与两个哥哥拼死拼活"撂地"说相声也难以糊口时，十四岁的她大胆地对父亲说："爹！我想跟着您上地，说相声赚钱养家。"父亲听了一愣："你……你要说相声？"她说："我会说，要不我就……"父亲打断她说："不行！你是个女孩子……"她也打断父亲的话："您看那唱小曲儿的，好多不都是女孩子吗？我怎么就不能说相声？再说您岁数这么大，已经累出了这么多病，我不能看着您……"孩子哭啦！父亲含着泪问："你会吗？""我会！"原来在父亲练活时，聪明的来小如已经学会了好几段。然后经过父亲的调教，就跟着父亲去河东地道外"撂地"。首演《八扇屏》，天津观众第一次听女孩子说相声，感到新鲜。而且她背诵"小孩子""莽撞人""浑人"等"贯口活"，口齿伶俐，招人喜爱，该响的"包袱儿"全响，观众往场子里扔的钱也多。这是在 1921 年，在天津、也是在全国来小如开创了女子说相声的先河，并带了一个好头。她不演低俗的节目，"使活"中规中矩，开始是父亲给她"量活"，后来她也给父亲、弟弟"量活"。30 年代后期，她与弟弟来少如常在京津两地演出，擅长表演"文哏"。有一阶段，她还与名艺人谭伯如合作，互为"捧、逗"。之后，便陆续有女相声艺人出现，较早的有于小福、于佑福、小明星、小亮星、大苹果、二苹果、耿雅林、耿四福、刘玉凤、王玉凤、荷花女、陶玉兰、赵雅玲、小菠梨、回婉华、小海棠、胡伯英、刘丽萍、富丽华等，晚一些的有魏文华、方伯华、姜伯华、张文霞、张紫茹、张淑媛、尹秋雯、连小侠、潘侠男、丁彩霞、刘艳颖、赵美玲、高秀英、韩秀英、花银环等。其中不少的女艺人，在新中国成立后仍然活跃在相声舞台上。她们在表演、创作及培养人才上都功不可没。相声的发展不能忽视女相声艺人的贡献，同时也不能忘记第一位敢于挑战世俗、首先登上相声舞台的女艺人来小如。

那么，相声艺人普遍都会表演的传世之作《丢驴吃药》，又是谁创作的呢？咱下篇讲。

谁创作的《丢驴吃药》

天津是相声发祥地,除了涌现出大批人才之外,就是创作了许多经典的传世之作。今天我为什么要阐述《丢驴吃药》是谁创作的呢?因为许多志书、辞典没有注明该作品的作者及该作品诞生的意义。

《丢驴吃药》的内容是这样的:一家药铺门前来了一个摆摊儿算卦的,药铺掌柜认为他的卦摊儿影响生意,故意对他刁难,问他当日的收入能有多少,并以此打赌,逼其离开。药铺掌柜刚走,一个开豆腐坊的老头儿前来求卦,让他算自己丢失的驴去了哪里。他信口开河,让老头儿半夜去药铺买药。结果在一连串的误会中,他顺口胡诌的谎言,却在巧合中成为了现实。相声演员基本都用此段作品赚过钱,可为什么不知其作者呢?

马三立在天津市政协文史资料委员会编写的《天津市文史资料选辑》第三十三辑《京津相声演员谱系》一文中讲道:"有一些演员在不同的历史时期,对相声艺术曾做出过一些贡献,但在表中没有列入。其原因,有的是他们出生于艺人家庭,虽从艺但没有拜师;有的是我还不了解其师承关系。"《丢驴吃药》的始创者阎德山就属于马三立在文中讲的第二种情况。那么阎德山到底是怎样的师承呢?时光荏苒,马三立这一代的艺术家都已故去,阎德山的师承关系更难考证。所幸的是天津的曲艺专家刘梓钰等人在撰写《天津曲艺志》时,查阅了大量旧时的书籍、报刊,准确地得出了一个结论,即阎德山(又名阎伯山)系魏昆治的弟子。

那么,阎德山是何时来津?为什么来津?《丢驴吃药》首演何处?具有什么历史意义? 又是如何传承的呢?

我在查阅有关资料后认为:阎德山是在光绪十年(1884 年)前后从北京来到天津。到了清末,阎德山和艺名"万人迷"的李德钖及"人人乐"陈青山,已成为天津最著名的相声艺人。在此期间阎德山与"万人迷"二人将相声由"撂地"引进剧场,即坐落在河北鸟市附近的宝和轩邀请了阎德山,坐落在南市的四海昇平(后改称燕乐戏院,解放后改名红旗戏院)邀请了"万人迷"。从此,相声登上了高雅殿堂,阎德山在宝和轩创作并首演了《丢驴吃药》。这段作品具有什么样的历史意义呢? 这个作品构思巧妙,结构完整,对于揭露算卦、相面的所谓灵验,用说笑话的形式予以抨击,引起了社会的强烈反响与共鸣。我认为这是艺人第一次公开揭露江湖骗术的作品,其诞生时间远远早于 20 世纪 30 年代的《江湖丛谈》。后来,"万人迷"、刘德志、张寿臣在天津都说了这个段子,并对段子进行了细致的加工,由张寿臣更名为《小神仙》。这个节目历经百余年而不衰,对其始创者阎德山,我们是不能忘记的。

另外,京韵大鼓有一个"张派",可为什么失传了呢? 我下篇讲。

"张派"京韵大鼓为何失传?

天津之所以被誉为曲艺之乡,是因为人才济济,流派纷呈,绝活绝艺数不胜数。毋庸讳言,在历史发展的长河中,常有绝艺失传的遗憾。津门老观众都知道,早期京韵大鼓是"刘、白、张"三大流派,即"刘派"刘宝全、"白派"白云鹏,而"张派"却鲜有人知。那么"张派"是谁创立的? 具有什么特点? 为什么失传呢?

"张派"京韵大鼓始创者是张小轩,生于1876年。原为清户部缮写员,幼好曲艺,曾拜朱德庆学唱怯大鼓。光绪末年来天津"走票",演出于松凤阁茶楼、同舟茶楼、永宴茶楼等,已亨盛名。当时他改革怯大鼓,称"文明大鼓"。宣统元年(1909)正式下海从艺,始创"张派"京韵大鼓。在天津,他曾与"鼓界大王"刘宝全对台演出,占据优势,常演于张园游艺场、陶园游艺场、权乐落子馆和四海昇平茶园等。他身材魁梧,气大声洪,膛音好,其区别于刘宝全和白云鹏两个流派的特点是:唱功高时激昂奔放,低时宽厚有力,行腔气力充沛,于粗犷中显气魄、高亢处见精神。他能够突破陈规,创出新腔。垛板迅疾利落,喜用疙瘩腔。转折处顿挫分明。又常使用天津语言,更显粗犷豪壮,表演时一曲唱到曲尾,常常不唱最后一句,如唱《战长沙》,只唱到"……杀上阵去"便突然停止,将鼓箭子和板往鼓上一摞,便鞠躬下台,人称一怪。在动作上也独具一格,如演出两军对垒、主帅出马,他模拟主帅的形象,经常解开纽襻,以袍子充作铠甲。

171

除了演唱传统曲目《鸿雁捎书》《知音得友》《子龙救主》《大游武庙》《坐楼杀惜》《摔镜架》《金山寺》《绕口令》等外,尤以《灯下劝夫》《华容道》称绝一时。同时,他还自编反映天津军民抗击八国联军的《马大帅守杨村》、反映现实生活的《天津水灾》等,颇受津门老少爷们儿喜爱。清末,他在同合楼挂头牌,时值严冬,连日大雪,观众不多。张小轩便亮出绝活,一口衔九盏灯演唱。票价提高一半,还未开演,座即售满,并卖了站票。"含灯大鼓"本是梅花大鼓的特殊演唱技巧,无需动作。但张小轩含灯唱《游武庙》,不仅段子长,而且要模拟表演众多的人物。所衔之灯,也由九盏先增加为十一盏,再增加为十三盏。一曲唱罢,观众惊为绝技。

"张派"京韵大鼓之所以失传,一是因为收徒传业较少,继承者寡;二是因为张小轩故去得很突然。旧社会艺人生活生命无保障,民国三十五年(1946),他到抚顺老虎台矿演出,遇兵丁、地痞搅闹书场,收入低微,乃至穷困潦倒,一病不起。死后竟然无钱发送,无人掩埋。沈阳曲艺艺人白万铭、李涛清等人闻讯赶到抚顺,发起义演才将其安葬。

新中国成立前,在东北,天津的"坠子皇后"乔清秀夫妇也曾经遭遇劫难。咱下篇讲。

乔清秀夫妇的劫难

　　乔清秀是著名的河南坠子演员，她和丈夫乔利元共同创立的"乔派"河南坠子，轰动天津。观众给了她"盖河南""坠子皇后""坠子大王""坠子明星"等诸多美誉，至今曲坛的河南坠子演员大都宗"乔派"。可是在旧社会，他们夫妇遭受了什么样的劫难呢？

　　20世纪30年代中期，乔清秀已成为天津第一流的鼓曲艺人。1939年冬，她与丈夫乔利元携同三个还未成年的养女乔月楼、乔凤楼、乔玺楼，应沈阳公余茶社之邀，赴沈阳演出。当时她在天津的包银是艺人中最高的，本不该去，可经不住"经济人"的花言巧语，便去了沈阳。一天上午，在她的住所，来了一个人，让她去一家出堂

乔清秀

会，实则是让乔清秀与女儿乔月楼去陪酒。她不能答应。那人顿时恼怒，骂道："臭戏子！让你们去唱几段儿，是瞧得起你们！不知道吧？我们团长的老爷子过生日，连日本人都到，你们敢不去？胆子贼大啊！"原来，让他们夫妇出堂会的是个大汉奸，他们心想那就更不能去了，乔利元说："不是我们不愿意去。有钱可挣，好事啊！可是我们跟园子是有合同的。误了人家的场，可就……"他的话很眼明显，

就是不去！那人自然明白，不等他把话说完，摔门就走。时间不长，来了几个宪兵，不由分说抓走了乔利元。乔清秀和三个女儿又能怎么办呢？只有不停地号啕大哭。她期盼着丈夫被放回来，可是丈夫没有被放，倒是她也被带进了宪兵队。几个宪兵把她领到一排红砖房子的后边，眼前是房子的后窗户，身后是一堵高墙。她莫名其妙，为什么被带到这里？这时，她听到了从后窗户中传出来的逼供声，他们逼乔利元承认"私通共产党，是抗日分子"。乔利元当然不会承认，因为莫须有，审讯没有结果，宪兵动了酷刑。她听见了乔利元的惨叫，还有狼狗的狂吠。她的心都碎了，拼着命地想要奔进去，可是无法挣脱宪兵的臂膀。她大叫："利元！利元……"这凄惨的叫声让人撕心裂肺。一会儿，一切声音都消失了。她被带到了里面，只见乔利元鲜血淋漓，已经断了气。她呆了！傻了！脑子里一片空白，空白之后，变成了混乱，她精神失常了！病情时好时坏。她不能上台演出了，靠三个女儿挣点钱勉强活着。至1941年冬，在沈阳同行的资助下，她才与三个女儿回到天津。阔别天津舞台两年多，又遭受丧夫之痛的她，为了生活，接受了"小梨园"的聘约。在这一时期，她的脑子时好时坏，经常反复，因为她与乔利元恩爱至极，丧夫之痛在她脑中难以挥去。再加之演出过于劳累，使她的病情有增无减，终至沉疴不起，于1944年3月逝世，年仅三十四岁。

在旧社会，许多人故去连"发送钱"都没有。下篇给您讲侯宝林跪讨"发送款"。

侯宝林跪讨"发送款"

侯宝林自幼家中贫寒，被父母送到北京一个姓侯人家，凭记忆，侯宝林说自己可能是天津人。所以天津人的义气，在侯宝林身上有充分的体现。1944年，他在天津燕乐戏院的舞台上为戴少甫跪讨"发送款"，就感动了许多人。

"戴少甫"这个名字已经鲜为人知了，但喜欢传统相声的人都知道《数来宝》这个段子，其作者就是戴少甫。他1939年被邀来津，于11月4日起与于俊波（白全福之师）在燕乐戏院演出，并逐渐在天津"红"了起来。当时的报刊对其有颇多赞誉，说"戴少甫的艺术风格文雅，求新""别树一帜"，推举他为"风雅派""时代艺人"，赞扬他为"相声中的杰才"。1942年2月至8月，在这半年中，他仅在天津电台广播的相声就有一百多段。就是这样一位优秀的相声艺人，在旧社会也难逃噩运。

1944年的一天，大恶霸袁文会坐在燕乐戏院的台下包厢里听戴少甫，还点了"活"。可在那天同时有几个人点"活"，所点的段子又都不一样。戴少甫在后台和"管事的"随便商量了一下，也没多想，就使了《打白朗》，但这不是袁文会点的段子。这个段子，以第一人称叙述，说自己被委任为司令，然后又任命一些人为手下的军长、师长等，而这些被委任的人则是同台演出或是同行的艺人，如常宝堃、侯宝林、张傻子、金万昌等人，这是即兴找"包袱儿"。"捧哏"的就问："你怎么就带这些人？"他便抖"包袱儿"："对！我就专带这些三八兔子贼！"他可不知道投靠了日本人的袁文会刚刚被任命为一汉奸部队的司令职务。听了戴少甫说当了司令，手下竟然是一群"三八兔子贼"，袁文会就认为戴少甫骂的是他。勃然大怒，吩咐手下人："姓戴的这小子太狂了，敢给咱爷们儿摘眼罩儿，你们几个在前后门插上旗，别让他走了，现打不赊！"等戴少甫下场到了后台，莫名其妙地挨了一顿暴打，幸亏有威望的白云鹏在场，替戴少甫求情，然后又趴在戴少甫身上，使戴少甫才没被当场打死。可是戴少甫被打得太重，回去卧床多日，越想越是气不顺，再加上生活窘困以及因戒鸦片留下的病根，不久就撒手人寰，撇下老母、娇妻、幼子，生活无以为继，同行们愤怒、悲悯，给予了诸多帮助。当时的侯宝林伤心至极，在燕乐戏院的舞台上长跪大哭，代戴少甫的遗属恳求观众解囊相助。在场的观众，一是怀念、同情戴少甫，二是为侯宝林的真诚举动所感动，纷纷捐资，有的太太小姐把所佩戴的首饰也捐了出来。这样，侯宝林为戴少甫募得六千零三十九元，除丧葬(灵枢送回北京)用度之外，所余三千四百六十七元全部交付他的家属。

哪里有压迫那里就有反抗，下篇给您讲"小蘑菇"台上讽倭寇。

"小蘑菇"台上讽倭寇

常宝堃,艺名"小蘑菇",1951 年 4 月牺牲在抗美援朝的战场,在 20 世纪三四十年代他已经是相声大家。他为什么能普遍地受到天津老少爷们儿的热爱欢迎呢？我认为,除了他的艺术造诣之外,就是他在台上所表现出来的民族气节和骨气。

日伪时期,一次他在南市的庆云杂耍馆 (解放后改为共和戏院)演出,他表演的是传统节目《耍猴儿》,台词中有耍猴儿敲锣的句子。他临时加了一句:"我今天可没带锣来。"赵佩茹经验丰富,就递了一句:"你的锣呢？"他说:"都献铜了。"台下马上一片喝彩声。为什么？因为当时日本侵略者为了制造军事武器,大肆搜刮铜铁。他的针砭时弊,不仅体现了他的爱国热情,也反映出他的机警敏捷。还有一次,他说《卖估衣》,一上台就说:"各位是不是都看到了,很多的商店大甩卖,都写了'本日大卖出'的牌子。这几个字要是倒过来念就难听了:'出卖大日本!'"正因为他多次讥讽倭寇,被抓到了日本宪兵队,受尽了毒打和折磨,被关押数月,也未屈服。后来因日本人顾虑"小蘑菇"在百姓中的威望,恐惹民怨,才把他放出来。

常宝堃的骨头是硬的。日本投降后,国民党倒行逆施,老百姓仍处于水深火热之中。1947 年,常宝堃又一次被抓。因为他编演了《打桥票》,公开讽刺当时法租界巡捕敲诈勒索的恶劣行径。过桥也要买票,使劳动人民受尽盘剥。这个段子讲的要打票的桥是"法国桥",就是今天的解放桥。什么洋车、自行车过桥都得打票。拉洋车的要是没拉座儿，没钱，就得"把车垫子留下"；一辆运菜的大车，赶脚的是个乡下人，累得顺着脖子流汗，还没赚着钱呢，就得"搁这儿两棵白菜"，还有白菜、土豆、黄瓜、辣椒、苹果、鸭梨、猪肉、粉条、暖瓶、砂锅、手巾、牙膏……什么都有。"老总"快下岗了，过来了一辆排子车，老总喊："站住！干吗去？""老总，卸完货回家，对了，我得打桥票……""算了，别打了。把这堆东西给我拉回家去！"每次演到这儿，台下会心的笑声、掌声就响成一片。

常宝堃之所以把这个段子表演得绘声绘色，就是因为他没少过这个桥，也没少打票。当时，过了这个桥就是法租界，而他又是在法租界的"小梨园"说这个段子，所以又被抓进了警察局。当时，就连警备司令部的工作人员都欣赏他的创作才能，亲自审问他，并让他写、说讽刺共产党的段子。他理直气壮地说："打桥票是事实，你们让我编讽刺共产党的段子，就是把我崩了，我也写不了，演不了！"这就是常宝堃，一位真正的人民艺术家！

那时的艺人，显现出许多和敌人周旋的智慧。下篇咱讲尹寿山挑战"跷王"大老九的故事。

尹寿山挑战"跤王"大老九

尹寿山,艺名尹傻子,系马三立的父亲马德禄之徒,尹笑声之父,解放前在南市连兴茶社"掌穴"。

有一天他在路上被几个人"请"走了,他莫名其妙:我没招谁惹谁呀?可是,另外的一个人"惹祸"了,这个人外号叫"大老九"。当时天津摔跤界有"四大张、一大王",即张魁元、张连生、张鸿玉、张鹤年、王海兆五位著名的跤手。大老九就是张魁元。事情发生在1947年的一天,"三不管"跤场来了三个美国人,非跟大老九比画比画。见是美国人踢场子,大老九先抱拳行礼,美国兵以为他怕啦,就扑向大老九挥拳、踢脚,专奔要害打。这下大老九可急啦!三下五除二,就把三个美国人摔得爬不起来了。再看大老九,一个人摔仨,站在原地连大气都不喘。观众报以一片掌声、喝彩声:"好啊!摔得好!"这仨美国人非要出这口恶气,就到处雇人去报复。有人说,相声艺人尹寿山人高马大,会武功。为什么呢?因为他在台上说《大保镖》,句句在行。尹寿山听后,赶忙解释,但对方认定他有功夫。没办法,他被带到了跤场,只见他怒目圆睁,大喝一声:"呔!大老九!认识你家尹爷吗?"大老九一看:"嘿,这不是说相声的尹傻子吗?怎么啦?他今儿真傻啦?"大老九认识他,不知道他是唱的哪一出。这时,就见尹寿山伸手去抓地上的跤衣:"大老九,你今儿敢跟我尹爷较量较量吗?要是害怕,你就乖乖地认输,省得在老少爷们儿面前丢人。"这时就听见有人喊"好",原来是那仨美国人和一群狗腿子,大老九明白啦:尹傻子是被他们"逼上梁山",忙搭话:"您是哪方高人?练过什么功夫?"这可是尹寿山的拿手活,什么南派、北派,这个功、那个拳,背了一大段"贯口",全场的观众都跟着喝彩。那帮美国人更乐啦,他们可不知道观众是给尹寿山的嘴皮子叫好。这时,尹寿山大喝一声,使了个神龙探爪,伸手就抓大老九跤衣的领口,在与大老九接触的瞬间,他用行话说:"别抹盘,你使尖局。"意思是"别不好意思摔我,使真招使劲儿摔"。大老九开始比画了,当尹寿山扭腰转身欲使"背口袋"时,大老九用了个蟒蛇翻身,破解对方攻击后,跟着喊了声"厉害"!大老九很聪明,他玩儿的是虚招儿,也小声用"行话"说:"我给你量活。"尹寿山来劲儿了,使一个动作,就说一句评书里面武打的词儿。实际上跟摔跤满不挨着。明白的观众这个乐呀:"这哪是摔跤?这不是武术相声吗?!"大老九怕把傻哥哥累坏了。使了个"别子",把尹寿山轻轻摔倒。就这样,尹寿山跟"大老九"共同把美国人给涮了。这时,尹寿山站起来还有理哪,他冲着那仨美国兵说:"你们知道我为什么输吗?今儿中午我还没吃饭呢,你不信我要是吃饱了,准行!"他还想敲人一顿饭。

　　天津艺人成名有多种原因,下篇给您讲谁助骆玉笙自成一派。

谁助骆玉笙自成一派

骆玉笙,艺名小彩舞。在京韵大鼓发展史中功盖当世,她创立了颇受观众喜爱的"骆派"。那么,是谁帮助骆玉笙自成一派,又是怎么个过程呢?

此人就是骆玉笙的师父,也是给骆玉笙伴奏的弦师韩永禄。他生于1876年,卒于1940年。韩永禄有多大能耐呢?可以说他在许多演员创立流派上功不可没。他幼年从北京梅花调名票文玉福(又称文玉森)学艺,天资聪颖,学成后,与金万昌、韩永忠、苏启元等革新了文玉福比较平板的腔调,用王文瑞提供的《黛玉思亲》《宝玉探病》等新词,由金万昌演唱,他弹三弦、霍连仲拉四胡、苏启元操琵琶伴奏,在石头胡同北口的杂耍馆四海升平演出。他与苏启元一起为金万昌创作了不少新腔和过门,改革了唱法,乃至形成了"金派"梅花大鼓。民国四年(1915),他又加入了京韵大鼓名家刘宝全领衔的宝全堂艺曲改良杂技社,为刘宝全弹弦伴奏多年,参与了"刘派"京韵大鼓的唱腔创造与音乐设计。尤其是现在许多三弦伴奏者都不知的是,他将北方鼓曲伴奏常用的中型三弦改为大三弦,即现在使用的三弦。并自创了一套三弦伴奏法,今天仍在沿用。

民国二十二年(1933)韩永禄到南京演出,为白凤鸣伴奏。骆玉笙当时唱二簧大鼓,仰慕韩永禄的为人和艺术,于1934年经人介绍,拜在韩永禄门下。由于韩永禄曾为京韵大鼓名家白云鹏、金慧君(艺名小黑姑娘)、良小楼、章翠凤、白凤鸣伴奏,熟悉各家所长,便根据骆玉笙的嗓音特点，嘱其弃掉二簧大鼓，改为具有自己鲜明特点的京韵大鼓，使得骆玉笙如虎添翼，在较好地继承京韵大鼓刘派和白派、少白派等艺术的基础上，韩永禄与之共同创造了《剑阁闻铃》《红梅阁》等曲目，还帮助骆玉笙设计了"嘎调"唱法，为"骆派"京韵大鼓的形成奠定了基础。在南京、上海等地，骆玉笙逐渐名声大震，随即韩永禄又与骆玉笙研究改革了《七星灯》《击鼓骂曹》等唱腔。这时韩永禄认为时机成熟了，便嘱骆玉笙"该闯天津这个码头了，如在天津能唱红，便可以全国赚钱"。1936 年，韩永禄带骆玉笙闯天津，一炮打响，并担当最高雅的杂耍园子——小梨园的"底角儿"，获得"金嗓歌王"的美誉。当时商家在劝业场附近为骆玉笙制作了大型"金嗓歌王"霓虹灯，这在曲艺界尚属首例。继而韩永禄又带骆玉笙闯北京，并协助骆玉笙将《击鼓骂曹》中单只鼓箭击鼓改为双手击大鼓，梨园界言菊朋、马连良、谭小培、言慧珠等名家均到现场捧场。此后，骆玉笙红遍京津。综上，我们说"骆派"京韵大鼓的形成，除了骆玉笙本人条件好、学习努力外，还与韩永禄博采众家之长的传艺教习有着密切的关系。

天津市曲艺团还出过一位人才，即影视明星张子健。他的成才除个人因素外，也与其父严格管教有关。下篇给您讲子健挨打、王佩元劝架的哏儿事儿。

王佩元以哏劝架

天津人的哏儿，富有深厚的底蕴和幽默技巧。这种哏儿能在各种场合发挥作用，即便是在对方吵架动手的情况下，都能抓哏，并靠这种哏使双方化干戈为玉帛。我下面就讲一段王佩元以哏劝架的故事。

王佩元当初是天津市曲艺团演员，后因给常贵田"捧哏"，调入海政文工团。在天津他与快板书表演艺术家张志宽私交甚密，张志宽的儿子是著名影视明星张子健，因其在《神探狄仁杰》中扮演元芳而留下了一句流行语："元芳，你怎么看？"与志宽同时代的演员见到子健也会问："子健，你小时候挨打这事你怎么看？"大家哈哈大笑。

子健原来是天津市曲艺团的快板书学员，后考入北京电影学院，他的成功得益于快板书的基本功和父亲的严格管教。子健演《白眉大侠》和《甘十九妹》时，为了武打表演更真实，张志宽亲自找到天津体工大队武术教练教他武术，请天津市杂技团著名舞剑艺术家陆素卿教他剑术。并要求他任何时候都不能忘了快板。因为快板是"一人一台戏"，各种人物的进进出出对影视表演具有重要作用。所以子健演戏之余探家，志宽总是"考核"他的快板。

有一次，苏文茂、常宝丰、王佩元等人上志宽家串门，正赶上子健与对象来津，于是志宽对子健说："过来！给大家唱一段快板书，让老师们提提意见。"子健站在那儿规规矩矩地给大家唱，众位老师还未发言,志宽抢先说:"你的表情总是不到位,你应该……"他给儿子做示范,子健的表演仍然不能得到志宽的认可,志宽便让他一遍一遍地重来,还不行!志宽火儿了,当着子健对象的面儿骂上了:"你看你那猪脸……"大家赶紧劝。这时志宽又说:"你把你学唱歌曲、戏曲的录音放一遍,我们听听。"放到半截,志宽又说:"不对……"年轻人都有自尊心,子健的脸上有些挂不住了,一赌气,把盒带从录音机里退出来,一伸手就把盒带里的磁条撕烂了。这下志宽急了:"你别以为我当着外人不敢打你!"然后冲着苏文茂、常宝丰、王佩元说:"你们今天谁要拦我,我跟谁急!"说着抡起巴掌就奔了子健。子健个高,志宽个矮,他就蹦着高地打子健,怎么办呢?志宽的爱人和旁边的人一看志宽面红耳赤,脖子上的青筋直跳,那是真急了,谁都不敢管,要是谁管志宽准急。可又不能不管,怎么办啊?当时正值夏天,志宽穿着一条扎松紧带的大裤衩,他往上一蹦一蹦地,松紧带有点儿松,裤衩掉到胯骨了。这时佩元抓了一个哏:"志宽!这男男女女的都看见你'九寨沟'了。"大伙儿全乐了,志宽提着裤子也乐着跑啦!佩元抓了一个哏达到了劝架的效果。

张志宽当学员时,也尽是哏儿事。下篇给您讲张志宽的"外号"趣闻。

张志宽的"外号"趣闻

张志宽学艺时有个"外号",现在许多同人回忆起来还津津乐道。外号叫什么呢?叫"老绝"。为什么叫"老绝"呢?

1964年,天津市曲艺团的"四清"工作开始了,青少年训练队全部到天津东丽区新立村接受劳动锻炼。当时他们都是十几岁的青少年,除了参加农业劳动之外,生活枯燥难挨。稚气仍存的年龄,怎么充实自己的业余生活呢?张志宽成了大家的"偶像",因为他能在河沟里钓蛤蟆。他用一根三弦上的"老弦"拴上蚂蚱等活物,往坑里一扔、一提,就能钓上一只蛤蟆。这技术太绝了!所以小伙伴中的王佩元等人就给张志宽起了个外号,叫"老绝"。在孩子们中搞"四清","清"什么呢?领导有办法:"你们为什么乱起外号?得说清楚!"这也是一"清"?!张志宽赶紧说:"老绝,是我钓蛤蟆的技术绝,没别的意思。""谁叫大头?"带队的领导集合全体学员追问。王佩元赶紧站出来说:"报告,我叫大头。""你为什么叫大头?""我脑袋大,他们管我叫大头。"同学们哄堂大笑。"这些外号都是谁起的?"没人揭发,僵持了一会儿,队领导宣布:"凡是叫别人外号的,围着操场跑十圈!"结果张志宽、王佩元、马健、赵伟州等一堆人被体罚。十圈跑下来,把他们累得晚上一上床就都爬不起来了。半夜有一姓胡的上厕所,开洼野地他出去害怕,便喊:"老绝!老绝……快!陪我尿尿去!"张志宽累坏了,迷迷糊糊地说:"累死我了,你喊大头吧!让他陪你去!"第二天早晨集合,队领导问:"你们谁又喊别人外号了?自已站出来说清楚。"张志宽一琢磨,是不是有人揭发我啦?!便赶紧站出来说:"我犯错误了,是迷迷糊糊顺口喊的!""这说明你的潜意识里就有乱七八糟的东西,罚十圈跑步!"妈呀!太厉害了!同学们看着都心疼。跑完了,也下课了,大伙都过来安慰张志宽:"走!散散心,我们陪你钓蛤蟆去。"那天天公作美,钓的还特别多。当他们高高兴兴往回走时,队领导派人把他们拦住了:"谁让你们去钓蛤蟆啦?回去写检查,蛤蟆全没收!"没招儿!这几个人都回宿舍写检查去了。写完后他们开始琢磨怎么才能不叫外号呢?有人出主意说:"咱们去食堂的路上,每个人都把饭票的一角儿含在嘴上,不说话,老师一看都闭着嘴呢,就知道咱没喊外号。"到了中午,他们排着队,每人嘴里都叼着一张饭票去食堂了。这时刘春爱跑过来说:"你们早晨钓蛤蟆去了?""对!""蛤蟆呢?""让领导没收了!""放心吧!领导不会管你们啦!""为嘛?""你们往厨房里边看!"大伙偷偷地往食堂里间屋一看,是没人管咱了,食堂管理员与队领导们正在里边吃田鸡腿呢!嘿!便宜这些人了。这时张志宽"抓哏"说:"弄了半天,他们比我更绝!"从此"老绝"这个外号就归他们了。

　　杨少华处处有哏,有的哏中还有点儿嘎。下篇讲他的哏儿中之嘎。

杨少华哏儿中之嘎

　　天津人的哏儿,类型多样。有时还透着几分嘎,但这种嘎,绝不是坏,更不是"耍活宝"。这种嘎,有智慧,别出心裁,令人始料不及,可以化解尴尬。杨少华便有这样的趣事。

　　"文革"初期,相声不让说了,相声演员不能上场演出了,还得进行思想改造,因为他们是"臭老九"。1970年,天津市所有的区属剧团,全部转业下放到工厂,工资一律降到五十五元。杨少华所在的南开区曲艺团也集体转业,降工资。后来,所有的剧团又都进驻了工宣队,许多人莫名其妙地进了"牛棚",像和平区曲艺杂技团的刘文亨被关进"牛棚",每月只发十七元生活费;高英培进了"牛棚",不仅工资降为十七元,而且每天还得蹬三轮儿车送货,范振玉每天烧锅炉……弄得大家都很紧张。没多久,驻南开区曲艺团的工宣队召开全团大会,会场严肃,气氛恐怖,干什么呢?他们要求演员给他们提意见。谁敢提呢?大家想,谁提意见就等于攻击工宣队,弄不好就得打成反革命,进"牛棚",工资从五十五元还得往下降。所以大家你看看我,我看看你,会场鸦雀无声,谁都不敢说话。可是工宣队队长急了,非让大家说不可,说:"金无足赤,人无完人嘛!必须提!"现场的空气仿佛都凝固了。突然,杨少华站起来,大声喊:"我提意见,你们工宣队太不像话了……"啊?!这句话把工宣队领导吓了一跳,演员们也吓傻了:杨少华疯了!这时候,杨少华掏出一个手绢,假装哭(行话叫"撇苏",就是舞台上的假哭),实际上没眼泪:

"你们工宣队呀……太不像话啦！"这句话又让大家吃了一惊，可没想到，杨少华下面是这样说的："你们工宣队没日没夜地工作，太不注意自己的身体了。身体是革命的本钱啊！你们不对自己的身体负责，也得对革命负责啊！"有这么拍马屁的吗？他一边说还一边哭，当时把演员们乐得够呛，但又不敢乐出声，都低着头捂着肚子乐。工宣队也觉得这是找乐儿，可也没办法：你让我提意见，我提了，我没攻击你，是奉承你。让工宣队哭笑不得，您说他嘎吧？

相声演员台下如此，台上更可乐。下篇讲田立禾斧劈任鸣启。

田立禾斧劈任鸣启

任鸣启是田立禾的老搭档,"文革"前二人同在天津市南开区曲艺团。台上配合默契,台下关系密切。田立禾怎么能斧劈任鸣启呢？说起来特别可乐。

"文革"初期,有关部门认为相声不能反映工农兵的生活,所以相声在舞台上销声匿迹了。田立禾与任鸣启所在的南开区曲艺团排演了一出小话剧《口诛笔伐上战场》。舞台被布置成了一个办公室,台上的景片做成了一面墙,上面挂着毛主席语录、毛主席像,台中央摆放着一张办公桌,桌上摆放着笔墨纸砚。田立禾与任鸣启等演员走上舞台,慷慨陈词地展开大批判:"我们要口诛笔伐,通过血的事实来驳斥黑谬论。我们要写成大字报,用事实来进行批判。"说完这几句词儿,就从桌上的笔筒中抽出笔来,做书写大字报状。当天演出的时候,演员刚说到"我们要批判……"就出事儿了。舞台上的景片平常大多用两根铁棍支撑着,这一天由于后台小、人又多,走来走去的不方便。不知哪位一脚蹬在坠着景片的铁砣上了,"呼啦啦"一声响,挂着毛主席语录的景片就铺天盖地倒在了舞台上,将舞台上的道具和田立禾、任鸣启等演员都盖在了景片下。台上台下乱成了一锅粥。大家伙儿赶紧将大幕拉上,将舞台重新布置好,演出才得以继续进行。可是大家手忙脚乱地把景片立起来后都没有注意到一个小问题,倒塌的景片将桌子上笔筒里插着的三支蘸水笔都拍倒了,这三支笔就直挺挺地插在景片上。当舞台上的演员表演到"……我们要写成大字报……"的时候,用手一拿笔,哎?笔哪去了?田立禾灵机一动说:"我下去拿支笔来,用笔做刀枪,书写批判稿。"这时,台下的观众搭茬儿了:"甭下去啦,笔就在墙上插着哪!"台下这个乐啊!

紧接着,他们不甘心排小戏了!认为"别人行,我们说相声的也行"!于是排演了一台大型话剧《槐树庄》。剧情主要是讲老农民和恶霸地主做斗争的故事,田立禾扮演剧中的恶霸地主,任鸣启扮演受苦受难的老农民。其中有这么一段:地主借机报复,拿着斧子要砍农民。原剧中有武打场面,田立禾和任鸣启不服输,非得按原剧要求排演武打场面。俩人谁也没学过武打,但在台上特别卖力气,道具板斧是木头做的,很是逼真。三招两式过后,由于紧张,"坏啦!"田立禾一斧子真把任鸣启撂在台上了。台下的观众大哗,其中一位观众喊道:"没事儿,他们那是假的!"台上的任鸣启捂着脑袋搭话了:"嘛假的?我这血都出来啦!"

台下的观众捂着肚子乐:"这比听相声还哏儿啊!"

当时市曲艺团排的节目更可乐,下篇给您讲张志宽排塑像诗之哏儿。

张志宽排塑像诗之哏儿

"文革"初期,认为相声跟不上形势发展,所有的相声演员全都改行,许多演员被下放到农村、工厂。天津市曲艺团和杂技团合并,排了一系列赶时髦的节目,特别哏儿。

当时极"左"思潮泛滥,单弦牌子曲中有一个曲牌叫"太平年",不行!阶级斗争要年年讲、天天讲,怎么能"太平"呢?改名!于是将"太平年"改成了"反修年",将曲牌"欢庆锣鼓"改成了"战斗锣鼓"。相声不让说了,马三立、骆玉笙、常宝霆、徐德魁上台演"三句半"。常宝霆腰上系个鼓,一会儿左手一会儿右手地连比画带打鼓。骆玉笙敲小锣,说那"半句"。更可乐的是,开演之前全体演员必须上台先跳"忠字舞",马三立腿脚不分溜,骆玉笙是大近视眼,摘了眼镜什么都看不清。天津市文艺领导小组审查完节目说:"这是群魔乱舞!"朱相臣、苏文茂、宋东安和弹三弦的陈鹤鸣四人演山东柳琴《四个老汉庆丰收》。一上台四个老头就摇头晃脑、浑身颤动地表示高兴,一直颤到节目结束。台下观众就问:"怎么啦?这四个人都喝烟袋油子啦?!"张志宽和马志明演对口词《小小针线包》,伸胳膊蹬腿的还都挺认真。当时杂技团的演员没事干,因为没有政治内容的魔术杂技不能演。有一次,演"爬杆"的演员出了个主意,爬杆演员爬到杆的顶尖,演员双腿夹杆,双手展开一幅标语:祝毛主席万寿无疆!太棒了!"谁说我们杂技没政治内容,让你们曲艺演员看看。"演出时,这哥几个真卖力气。各种高难度动作做完以后,一打标语,坏啦!太紧张了,"疆"字没出来,下场后挨了斗!张志宽这时给演员们出了个主意,演塑像诗《关成富》。关成富是劳动模范,死在了讲台上,是当时歌颂的榜样。张志宽让杂技演员在台上扮成十几组塑像,随着台词内容的变化,各组塑像变化造型。这样杂技演员也不用说话,还能体现杂技演员的功力。大家都说好,可是杂技演员不够用的。张志宽是这个节目的导演,他自告奋勇地说:"短一个'二阶人'我来!""二阶人"就是站在另一个杂技演员(行话叫"底座")肩上的人。当时"底座"是弹三弦的刘玉玺的爱人韩爱珠,她功夫好,是杂技团的尖子演员。她说:"志宽,放心,我的底座,你上去就跟站在平地上一样,上!"还真不错,张志宽踩着韩爱珠弓起来的一条腿,一纵身,还真站在她肩上了。但是第一次光着脚站到人肩上,还找不着"范儿",结果他晃了两下便掉下来了。王佩元马上"抓哏":"你知道什么原因吗?""什么原因?""你光着脚,韩爱珠左边一闻,太臭,右边一闻,半年没洗脚!干脆让你下来吧!"所有站在"底座"上的"二阶人",全乐得掉下来了。再演的时候大家先问张志宽:"洗脚了吗?"

　　当时作家也无所适从,因创作《买猴儿》而受冲击的何迟是什么状况呢?咱下篇讲。

因创作《买猴儿》而受冲击的何迟

　　我落泪了。1979 年大年初一的上午,我亲历了一个十分动人的场面:《买猴儿》的作者何迟坐着轮椅,到天河医院看望因演《买猴儿》而被打成"右派"的马三立,他老泪纵横,喊着马三立的名字:"我是向你负荆请罪来啦……"马三立也流下了热泪……

　　"我平反啦!"何迟是众所周知的剧作家、曲艺作家,他 1935 年参加革命,1945 年参加解放张家口,领导了当地的戏曲、曲艺改革工作。1949 年 1 月,天津解放后,担任军管会文艺处旧剧科科长、天津市文联秘书长等职务,在领导工作之余,创作了《开会迷》《统一病》《今晚十点钟开始》《逛北京》《高人一头的人》等相声作品,尤其是他创作的《买猴儿》,被马三立、张庆森搬上舞台后,1954 年 11 月又在《沈阳日报》上发表,之后又在《旅大文艺》《北京日报》《剧本》《中国建设》转发,并被翻译成俄文、英文在苏联等国的刊物上登载,有的出版社还出版了单行本。中央人民广播电台也播放了这段相声,在当时,一段新相声被如此多的媒体播放、刊登,而且还"出口",真是破了天荒。同时,作者、演员乃至《剧本》月刊编辑部收到了大量的读者来信,老舍、赵树理(笔名"王甲士")、侯宝林等也纷纷著文,从维护讽刺文学的角度,给予《买猴儿》高度评价。但好景不长,"反右"来了,何迟因创作《买猴儿》被打成"右派",写《买猴儿》的是大"右派",那么演《买猴儿》的马三立怎么处置呢? 不久之后,马三立也成了"右派"。二人都被撤销职务降工资。紧接着"四清"来了，"文革"来了，何迟被关进"牛棚"后，肉体再度受到摧残。从1970年起，他瘫痪在床，彻底失去了生活自理能力。直至1979年大年三十那天，天津市的一位领导亲自到他住的医院，当众宣布：对何迟同志1957年被错划为"右派分子"的问题予以改正；对"文革"中一切诬陷予以平反；恢复党籍，恢复原职，恢复原薪。他很激动，第二天一早便去看望马三立，这二人自被错划成"右派"后，这是第一次相见。马三立说："我也平反啦，咱们继续合作……"何迟从内心深处迸发了一句积蓄已久的话："党啊！您的儿子终于又回到您的怀抱里来了！"随即，他写诗一首："欣逢盛世锁眉杨，身欲奋飞病在床。老马嘶风为呐喊，衰牛犁土不彷徨。推敲好句歌红日，结构乱弹战黑帮。荡垢涤尘喜展望，阳光普照耀八荒。"何迟不顾身患重疾，仅在1979年4月至1980年4月的一年里，就创作了相声《新局长到来之后》《高贵的女人》等六段相声，旧体诗五六十首、杂文六篇、回忆录四篇及艺术论文一篇。我们永远怀念他。

在艰苦磨难面前，作家和艺人大都有一个好心态。下篇给您讲刘宝瑞"诈尸"的故事。

刘宝瑞"诈尸"

天津人性格开朗，在任何艰难困苦的状况下都离不开找乐抓哏。刘宝瑞师从"相声大王"张寿臣，解放前久居津门，饱尝旧社会的辛酸坎坷，有一次竟然闹了一回"诈尸"。这是怎么回事呢？

1937年天津市面萧条，刘宝瑞听说济南能赚钱。为了吃饱肚子，他与侯一尘、袁佩楼、李洁尘等人相邀去了济南。济南的观众喜欢他们，开局不错，大家都很高兴。没想到，1937年的12月23日，日军矶谷廉介第十师团两万余人兵分两路，从齐河与济阳以东渡过黄河，包抄济南。转天韩复榘便撤出济南，27日济南沦陷。日本鬼子闯入济南后烧杀掠夺、无恶不作，剧场无法演出，"撂地"无人看，想回天津，可是一打听津浦线桥梁被炸，火车停运。他们既惦念天津的亲人，又犯愁日无隔夜粮。李洁尘(李伯祥之父)当时结婚不久，也顾虑在津夫人的生活。即便如此，他们也没忘记抓哏找乐儿。

刘宝瑞与李洁尘二人关系最好，因为从师承上说，李洁尘是焦少海的弟子，刘宝瑞的师爷是焦少海的父亲焦德海。二人互相安慰，但刘宝瑞当时是单身，似乎没有什么压力，该吃就吃，该睡就睡。因为闹"鬼子"，白天谁也不敢轻易上街，只得在后台宿舍睡觉。一天中午，刘宝瑞正四仰八叉地睡午觉，李洁尘走了进来，他看到刘宝瑞的这个睡觉姿势，就想拿他给大伙找把乐儿，调节一下气氛，缓冲大家低落的情绪。于是李洁尘悄悄地把刘宝瑞的两条腿并在一起，然后，拿了一块白布单子，从头到脚就盖在他身上了。这刘宝瑞睡得也真够死,他愣一点儿也不知道。可这还不算完,李洁尘又拿来了一个破脸盆,找了一点儿废报纸,放在刘宝瑞身旁的地上,就躲在屋里往外看。工夫不大,他看见远处侯一尘等人朝这边走来,便赶忙跪下,把破脸盆里的废纸点着,小声地"哭":"宝瑞呀……你怎么就这样走了……心疼死我啦……"外边的人听见李洁尘的哭声,全进来了。"啊?!"他们见到这场景,都吓坏了,有的人吓得张着嘴说不出话,都认为刘宝瑞没了!这个难过呀!侯一尘难过地哭出了声,他抚摸着刘宝瑞喊叫着:"宝瑞啊……你怎么……"屋里哭的声音太大啦,刘宝瑞醒了,以为发生了什么事,"噌"地坐了起来。抚摸着他的侯一尘吓得就往外跑:"诈尸……"太吓人了!大伙都争先恐后地往外跑,李洁尘哈哈大笑。"你怎么还笑?""坏了!李洁尘疯啦!"太热闹了!"你们才疯了!"李洁尘把大伙喊回来,说出真相。大家大笑了好几天。刘宝瑞找李洁尘"算账",李洁尘说:"宝瑞,这事儿可别怨我,你得找小鬼子去,都是他们逼的。"宝瑞说:"我上哪找小鬼子呀?!"他还翻"包袱儿"呢!

在天津艺人中,白全福随时能抓哏,咱下篇讲他的故事。

白全福处处能抓哏

　　白全福与常宝霆合作几十年,珠联壁合,相得益彰。白全福在舞台上严谨、机智、风趣、热烈的"捧哏"技艺,在相声界独树一帜;在台下他为人憨厚、朴实,乐于助人且性格开朗,令同行敬佩。尤其是他处处能抓哏的特点,更是令人喜爱。

　　白全福文化水平不高,但讲出话来总是有一定的哲理。如他对中青年相声演员讲"包袱儿"的重要性时,有一句口头禅:"宁失金山,不丢包袱儿。"他把"包袱儿"当作相声演员的命根子,在生活中他的"包袱儿"也常常起到不同寻常的作用。20世纪80年代初,曲艺团实行承包制,经常到外地演出,年轻人出门没多久就开始想家了。但有白全福在,人们便乐不思蜀。1980年夏天,白全福随团到江苏、山东等地巡回演出。当时,他已经是六十二岁的高龄了,可仍然和大家一样吃住在后台。天气热,他又胖,没少受罪。那时在中小城市演出,几乎所有的剧场后台宿舍都没有空调和电扇,但每个人都挺乐观。常宝霆晚上热得睡不着,他看见白全福睡觉的姿势可笑,就对大伙说:"你们看白三哥,睡觉翻身很有特点。甭管睡着没睡着,要翻身两只手得先搬肚子,肚子搬过去了,才能翻身。没练过这手功夫的还真不行。"大伙哈哈大笑,这时白全福一瞪眼,说:"别闹! 我这正开骨缝儿呢!"大伙更是笑个没完了。

　　大家都说:白老师每天的"包袱儿",让人忘记疲劳。他们到山东时,有一种"景芝白干"酒。白全福买了一瓶,青年演员王恒也买了一瓶。王恒和白全福沾亲,管他叫姥爷,便替他拿着,跟自己的那瓶酒搁在一个提包里。那天天气热,在车站一路小跑赶火车。这时,王恒挎包里的两瓶酒在上台阶时不小心"啪"地碰了一下。白全福反应这个快啊!几乎是一秒钟都没停顿,说:"王恒,是你那瓶酒碎了!"这个"包袱儿"逗得大家捧腹大笑。两瓶酒都一样,他怎么知道碎的是谁那瓶呢?可白全福却说:"碎的那瓶是你的!我那瓶没碎。"六十多岁的老汉面对一个小孩儿说这话,多可乐啊!

一抬头,白全福看见常宝霆累得都快走不动了,也想逗他一乐。这时一个中学生匆忙赶路,从他右侧走过时碰了他一下。他赶紧一捂右边的口袋,用"春典"(即江湖黑话)对小孩说:"荣点(即小偷),都是合字的(即都是干这个的),念荣(即别偷),念杵(即没钱)。"这几句话把那个小孩说傻了,愣在那心里说:"这个老头说的是哪国话呀?"可这些话让常宝霆乐得蹲地上了:"这老头儿,跟人家小孩要对黑话。"

抓哏的类型有多种多样,其中也有拿旁人开涮的事例。下篇给您讲杨少华"挨打"的趣事。

杨少华挨打

杨少华是抓哏高手，他走到哪儿，哪儿就笑声一片。而且不论长辈或是晚辈都跟他逗，但有一次，他犯了众怒，还挨了打。这是怎么回事呢？

20世纪80年代，天津市曲艺团到北京演出。杨少华刚进长安戏院的后台，马志存、王鸣禄、王佩元等人便把他围住了，有的推他，有的将报纸卷成筒抽他……他见事不好，赶紧去化妆室找常宝霆告状，因为常宝霆带队，而且他们都是郭荣起的弟子。"三哥，有人打我！马志存、王鸣禄，他们好几个人拽我、推我。"常宝霆心想："不可能啊！"便对杨少华说："我了解了解，先准备演出。"散戏后，大家都回北京市文化局在南池子的招待所，常宝霆一问才明白。原来是昨天晚上杨少华去京剧名家马长礼的家里打牌去了，玩儿到夜里三点多钟，别人睡觉去了，他觉得无聊，便拿起电话拨通了北京市文化局招待所。那时住宿比较简陋，只有传达室有一部电话。杨少华拨通电话后说："劳驾，我有点儿急事，您帮我找一下天津市曲艺团的王鸣禄。"于是传达室值班的把熟睡中的王鸣禄叫醒了。王鸣禄吓了一跳，心想谁半夜来电话啊？赶紧跑到传达室去接电话："喂！您是哪位？"杨少华马上说："喂？你是王佩元吗？"王鸣禄一听，找错了。赶紧去喊王佩元。王佩元也毫不怠慢，爬起来就去接电话："喂？你找谁呀？"杨少华马上说："你是侯长喜吗？"侯长喜赶紧起来接电话："喂……""你是马志存吗？我找马志存！"侯长喜急忙叫醒了马志存。马志存也赶紧接电话："喂，哪位？"杨少华马上说："你是常宝霆吗？"马志存曾多年给杨少华"捧哏"，他一听，就听出了了杨少华的声音，气得他大嚷："杨少华，明天我收拾你！"杨少华把大伙都弄醒了，还挺美。没想到第二天几个被折腾一宿没睡的复仇者，在后台收拾了他一通。常宝霆了解了情况后，也就躺下睡觉了。等睡到半夜，杨少华不敢回自己屋，来到常宝霆床前，一下一下地推他。常宝霆迷迷瞪瞪地睁开眼，见杨少华面对着自己，嘴里念念有词，手里比比划划，光见嘴动不出声，脸上显出很焦急的神色，这可把他吓了一跳。杨少华之所以这么做，是因为他寻思着，如果大声叫醒他，常宝霆肯定知道自己是在捣蛋，不会理他。只有小声嘀咕，光张嘴不发声，才能把他骗起来。常宝霆看杨少华这样，一下子就惊醒了，坐起来焦急地问："少华，你怎么啦？"杨少华还怕他醒得不彻底，继续手舞足蹈，光张嘴不出声地念叨。常宝霆真急了："你到底怎么啦？"只听杨少华压低了声音，神秘兮兮地凑到常宝霆跟前说："你吃早点吗？"气得常宝霆大骂："昨天他们揍你啦？哼！明儿天亮我也揍你。"

在抓哏方面，苏文茂是个高手。下篇咱讲苏文茂说"王毓宝爱我"的哏儿事儿。

苏文茂说"王毓宝爱我"

抓哏的最高境界，是既要出乎别人意料，还要在情理之中，讲究有技巧、幽默，寓意深刻。有一次，苏文茂在公开场合讲"王毓宝爱我"，就非常典型。

2004年12月26日下午，天津市文艺界举行盛会，庆贺著名天津时调大师王毓宝八十寿辰。这是王毓宝、也是曲艺界的喜事，各级领导、友人、同人及家属、弟子二百余人聚集一堂，为王毓宝贺寿。精心布置的小舞台上摆满了市领导和各界送来的花篮、寿联、贺词、书画作品。各方代表先后上台讲话祝贺。苏文茂是相声界"文"字辈掌门，由他代表相声界发言祝贺。但当时出现一个情况：许多长年未见面的朋友畅叙友谊互致问候，没人听台上讲话。怎么办呢？相声演员在台上讲话若没人听，可就太没面子了。该苏文茂上场了，真有绝的，他上场后先声夺人，一句话，就让会场静了下来。他说："今天是王毓宝八十寿辰，我在这里向大家公布一个别人都不知道的秘密，那就是王毓宝爱我。""啊?!"嘈杂的会场顿时鸦雀无声，全场的来宾，包括艺术界的代表、王毓宝的学生、儿子、儿媳都注视着台上讲话的苏文茂，就连吃水果、嗑瓜子的嘴，也全部"定格"了，有的人还朝满脸笑容的王毓宝望去，这种场合开这种玩笑合适吗？台下还有电视台、《天津日报》《今晚报》等媒体的记者呢！这要是当绯闻传出去还了得，何况在大庭广众之下，苏文茂的夫人也在现场。王毓宝心里明白，这是苏文茂要"抓哏"啦！但"包袱儿"在哪儿？他怎么使？都不得其解。这时，苏文茂见全场安静下来了，便开始细解。"我和王毓宝从小就在一起，一起演出，一起下乡，一起经历各种风风雨雨，她比我年长三岁，她还有个哥哥，是变魔术的王殿英，她也非常疼她的哥哥，也非常爱我这个弟弟，有这么一句话，叫'疼兄爱弟'，他特别爱我这个弟弟。"噢，这么个爱他呀！他使了一个偷换概念的词汇。这个"哏"，获得满堂喝彩。可苏文茂的发言还未结束，他说："王毓宝大我三岁，人都说女大三，抱金砖。王毓宝大我三岁，可抱的不是金砖，是比金砖还贵重的收获，是什么呢？我把词给改了，叫'女大三抱来金唱片'。"底下又一片掌声。原来，前不久王毓宝刚刚获得中国唱片社颁发的在国内外享有很高声誉的"金唱片"奖。在她之前，天津曲艺界的骆玉笙、马三立曾获此殊荣，王毓宝是天津曲艺界第三位获奖者。

这个"哏"，结构巧妙，才思奇特，体现了一个演员深厚的艺术功底，也充分说明相声演员的"抓哏"所具有的艺术魅力。能够做到这个份儿上，除了对技巧的驾轻就熟，还要有一定的境界。

在相声界，李伯祥也是在台上抓哏的能手。下篇咱讲李伯祥善于台上抓哏。

李伯祥善于台上抓哏

　　李伯祥几乎每一段相声都有"临时抓哏"，且又非常高雅。

　　一次，全国曲艺大赛在河南平顶山市举行，天津素有"曲艺之乡"的美誉。组委会应平顶山市有关部门的要求，安排天津市曲艺团搞专场演出，李伯祥、杜国芝的相声是"底"，使的段子是《问路》。他使这个段子的整个"垫话"都是"临时抓哏"。他在盛赞了平顶山市"山美水美人美城市环境美"后，又说"路也美"。他以一条路为例，使"贯口"："从东往西走，先是一家水果店，有苹果、香蕉、橘子、蜜柑、荔枝、桂圆，可口香甜；旁边是麦当劳，汉堡、鸡柳、可乐、薯条，孩子爱吃，全是洋快餐；往前走挨着美发美容院，帅哥进来，出去您再看，贝克汉姆的发型，世上少见，靓妹进来，出去您再看，整个换了个人，张柏芝的脸面；旁边是超市，吃的喝的穿的戴的玩的乐的，百货家电，应有尽有，一应俱全……"一大段"贯口"赢得了观众、包括市领导的热烈掌声。更让大家感到惊讶的是他所说的这一条路，正是剧场所在的那条路，而他说得又很准确。他的记忆力太好了，在这条路上走一趟，就编成"贯口"在舞台上表演了，也难怪令观众惊讶。

　　2006 年 6 月 25 日《纪念尹寿山诞辰一百周年暨尹笑声舞台生活六十周年》演出在中国大戏院举行。尹笑声与邓继增合说《偷斧子》。当时，尹笑声来了个"临时抓哏"，说那个"大帽儿"和偷斧子的小和尚是李洁尘、李伯祥爷俩。引起观众的哄堂大笑。因为"攒底"

的是李伯祥和李金斗、李立山的《扒马褂》。所以,李伯祥一上场,观众就更笑了,而且都在等待李伯祥"反击"。李伯祥上台后却摆出一副若无其事的样子,先唱了一小段数来宝,李立山夸他唱得好。于是他用"贯口"吹上了:"我李伯祥会的太多了,上知天文,下知地理,电脑网络,精通微机,神五神六,航天科技,各种文艺,梆子皮影,京剧评戏,大鼓单弦,杂耍曲艺,书法绘画,魔术杂技……别以为我光会偷斧子!"这个"临时抓哏"绝了,因为他是用一段"贯口"铺平垫稳,在已经要下来掌声之后,再说"别以为我光会偷斧子",就"炸堂"了,观众的笑声、喝彩声持续了很长时间。而且,他还几次拿"偷斧子"一事"抓哏",如在"使活"中间提到尹笑声的父亲尹寿山表演艺术如何好时,观众听得都入神儿了,而他又话锋一转,说:"我不理尹笑声,他老说我和我爸爸是偷斧子的。"李金斗一翻"他还没完啦",又是一个大"包袱"。

演员在台上会碰到各种情况,下篇给您讲魏文亮台上"内急"的绝招。

魏文亮台上"内急"的绝招

魏文亮幼年即说相声,有一次他在台上"内急",是怎么解决的呢?

魏文亮七岁时,跟着唱时调的母亲魏墨香、弹弦的父亲魏雅山闯关东卖艺,被说相声的张闻斌看中,收其为徒,并随魏家一起演出。转年,在秦皇岛的"雨来善"演出。别看魏文亮当时只有八岁,可他已经拿"整份儿"的钱了。但他毕竟是孩子,这天晚上,该他上场了,师父张闻斌给他捧《珍珠衫》,已经"入活"了,坏啦!文亮想解小便,在台下时光顾着玩,把这事儿给忘了。文亮心里着急,要真是尿裤了,花钱买票的观众还不得砸园子?要是说半截下去尿尿,以后也就别在此地演出啦。文亮想解小便,张闻斌一点也不知道,还在认真地给他"捧哏"。有这样几句台词:

文亮:这白玉霜可不是外人,是我师姐。
师父:你师姐是白玉霜,那你是?
文亮:黑胰子。

每次说到这儿,"包袱"准响。可魏文亮紧跟着问了一句:

文亮:您知道黑胰子吗?除了洗脸洗衣服,黑胰子还能治病。这两天干燥,就喝了点儿胰子水。我一下午跑了六趟茅房。

师父：得，这干燥变成拉肚子了（师父心想：这都是哪挨哪呀？怎么乱加词）。

文亮：没错，结果把肚子拉空了，现在我特别饿。

师父：饿也没办法，这儿没有满汉全席。

文亮：是没有满汉全席，可有我妈呀，我妈刚下场，还在后边哪！

师父：干吗呀？

文亮：叔叔、大爷们，我下去一会儿，我饿，我下去吃我妈一口奶（这个"包袱儿"是真响）。

他在观众的笑声中，从板凳上下来，就跑后台解小便去了。师父有经验，已经知道他干吗去了，就接着往下说：

师父：诸位，您是不知道，他一下午跑了六趟茅房……

这时文亮回来了，自己爬上了小板凳：

师父：吃饱了吗？

文亮：挺撑得慌。你馋啦？

师父：没有！

观众这个乐呀！有一个观众看明白了，因为文亮下场的时候，夹着腿、猫着腰，是憋不住了。这时候，他在下面喊了一句："什么吃奶，这小子是尿尿去啦！"观众就更乐了。

当时魏文亮才八岁，不但逗乐了观众，也解决了自己的实际

"问题"。

　　天津艺人中人才济济,观众也眼里不揉沙子。下篇给您讲天津观众难为姜昆。

天津观众难为姜昆

姜昆每次到天津演出,都说自己是怀着"朝圣"的心情。因为天津有诸多前辈艺术家,也有懂相声的观众。可是有一次,天津的观众却难为了他。怎么回事呢?

姜昆为相声所做出的贡献,不只表现在他个人的表演与创作上。在他主持中国曲协工作方面,做了许多大手笔的活动,对天津相声的发展更是情有独钟。像天津搞的几届全国相声大赛,他不仅在立项策划上倾尽心血,而且还亲自帮助拉赞助。当天津的茶馆相声兴起时,他异常兴奋,并于 2006 年 5 月下旬,亲自组织、带领全国各大媒体的记者,到天津考察曲艺演出市场,除了组织各方人士召开"天津曲艺演出现状暨市场走向"座谈会外,还先后考察了五个曲艺演出小剧场,观看了六个演出团队的表演。然后,在全国各大媒体进行了宣传报道。这不仅对天津的曲艺演出市场和曲艺的发展带来了不可估量的影响、促进,对全国的曲艺发展也是一个有力的推动。而就是在这次考察中,天津的观众难为了他一回,或者说是严格、认真地"考"了他一把。

他们到津的第一天下午,我陪同他到位于劝业场七楼的天露茶社考察,一进剧场观众就报以热烈的掌声,我赶紧上台介绍姜昆一行来津的主旨,热情的曲艺观众兴奋地鼓掌,大声喊"好"。这时的姜昆出于礼貌,也走到台上想跟观众说几句话,没想到,台下的观众"毫不讲情面"地喊:"会传统活吗?""会《报菜名》吗?""会《八扇屏》吗？"这看起来似乎是"将"了姜昆一军，但从积极意义上讲，观众也是想听他表演一回传统节目，因为观众在电视、电台从没听过他说传统相声。这时从容、谦恭的姜昆征求观众意见："我说一段'莽撞人'行吗？""莽撞人"是《八扇屏》所有"贯口"中最难的一段。姜昆迎难而上啦！台下懂行的观众报以一片掌声。可是作为主人的我，真是替他捏了一把汗，心里还挺"恨"那几个出难题的观众，这简直是太不给面子了。因为我知道即便是常在台上演这段"活"的老演员，有一段时间不演了，也难免在台上出错，尤其是今天，他中午到天津仅吃了一点儿盒饭，没有休息就来剧场了。如果出现"吃栗子（即嘴里不利落）"的状况，这可绝不仅仅是伤他"蔓儿"的问题，天津这个"码头"是要"毁蔓儿"的，那就是从今以后你不可能再在此地落足，而且还会迅速传到全国各地。真没想到，姜昆的一段"莽撞人"，使得是如此流畅，中间该要的掌声全部要下来了，最后获得观众的满堂彩。他的基本功使懂行的天津观众折服，也使我非常佩服和激动。事后我跟他说："您这次让天津观众考了一把，成绩优秀。"他说："这是侯宝林先生嘱咐我的，'你可以不用，但不能不会'。"

侯宝林在天津时还佩服一个人，即张宝茹。可他在旧社会受尽凌辱，下篇咱讲他的故事。

张宝茹当街受辱

张宝茹是郭荣起的得意弟子，解放后在天津市红桥区曲艺团相声队担任"底角"。能耐大，人缘好。可就是这么一位性格憨厚的老实人，在 20 世纪 40 年代，竟被"混混"当街凌辱。

解放前的河北鸟市，书馆儿茶社林立，众多艺人在此卖艺。这也给混混儿们盘剥艺人提供了场所，所有的园子、茶社都要向他们交"保护费"。有时，他们到了后台，想找谁要钱就就找谁要。张宝茹的艺名"狗尿苔"，一次他们叫住张宝茹，说："狗尿苔，你交保护费！"老实的张宝茹说："我……我交完了，每次我都按月交了"。"按月交？放屁！从现在起你按礼拜交！""这位爷，您说哪有按礼拜交的……""没有是吧？爷也不跟你费话了，以后啊，你见了爷的面就得交！这叫见面交。"艺人稍有不从，他们就砸园子、打人。园子或演员还得给他们赔礼道歉，交"惊驾费"。

有一次，张宝茹正走在鸟市的大街上。迎面过来了几个小混混儿。其中的一个说："这不是狗尿苔嘛！你小子有能耐，在台上老是逗人乐。今个儿我们哥儿几个没事干，腻歪了，就拿你小子逗大伙儿乐乐。"正好旁边有一个茅房，一辆掏粪的大车在那停着。那个混混儿走到一个卖酸梅汤的摊位，把人家舀酸梅汤的铁

相声演员张宝茹

勺儿拿了过来,从大粪车里舀了一勺儿粪,拿到张宝茹跟前,说:"狗尿苔,连干的带稀的,你把它都吃了喝了!"另外几个小混混儿跟着起哄:"对!让他饱餐一顿!"当时把张宝茹可吓坏了:"几位爷,我哪得罪您了……"那个小混混儿说:"你没得罪我们哥儿几个,我们就是好奇,看看这东西能不能吃、能不能喝。怎么?狗尿苔,你不给我们哥儿几个面子是吧?"张宝茹的心在滴血啊!他们欺侮艺人的事,司空见惯,屡见不鲜。可今天他们是当众让他吃屎喝尿呀!只要不听他们的,他这条命八成儿得丢在这儿,就是不死,也得变成残废。为什么?他们是混混儿呀,当着这么多围观的行人,他们不能栽面儿,在这种情况下,他没有选择的余地,就当众拿起铁勺儿,喝了一口。这几个人才哈哈大笑地扬长而去。这是多大的羞辱啊!结果他病倒了。但屈辱使他性格变得倔强了。再次登台时,他不顾安危,编演了许多讽刺"混混儿"、描写艺人受屈辱的段子。最著名的是讽刺当时的"混合面儿不抱团,蒸不成窝头,掺了二两麻刀,可拉不出屎来了。混合面和麻刀在肚子里翻江倒海,疼得一个劲儿地打滚儿。别说,两天过去终于感觉能上茅房了,等拉完一看乐了。乐什么呀? 又卖了俩铜子儿。为什么呢?拉出一条麻绳来"。 这种自嘲式地抨击日伪时期民不聊生,连像样的混合面都吃不上的状况,反响强烈,许多艺人都学说这个节目。